[Sa]voir-Vivre

de l'Enfance

et de la Jeunesse

NOUVELLE ÉDITION ORNÉE DE GRAVURES

LYON

LIBRAIRIE VITTE
3, place Bellecour, 3

PROCURE
24, Montée Saint-Barthélemy, 24

1902

SAVOIR-VIVRE

DE

l'Enfance et de la Jeunesse

IMPRIMATUR :

Lugduni die 17ᵃ junii.

P. Dadolle,

v. g.

SAVOIR-VIVRE

DE

l'Enfance et de la Jeunesse

A L'USAGE DES

MAISONS D'ÉDUCATION

Aider aux bonnes mœurs
par les bonnes manières.
B. F.

LYON

LIBRAIRIE VITTE | PROCURE

3, place Bellecour, 3 | 24, Montée Saint-Barthélemy, 24

1902

PRÉFACE

Le livre qui se présente à la jeunesse chrétienne, sous le titre modeste qu'on vient de lire, ne porte pas la signature de celui qui l'a écrit ; mais on s'apercevra bien vite que l'auteur doit être un maître profondément chrétien, aimant la jeunesse autant qu'il la connaît. C'est qu'il y a, particulièrement peut-être pour les livres qui s'adressent à l'enfant et à l'adolescent, un accent qui ne trompe pas; ici, c'est bien l'accent qui décèle le maître de nos écoles catholiques, continuant par la plume l'apostolat de sa parole. Je regrette qu'il me soit interdit de soulever le voile dont a voulu se couvrir l'humilité de l'auteur ; je puis du moins et je dois affirmer qu'en effet cet auteur est un maître et un maître religieux, joignant à la vocation d'instituteur la vocation d'apôtre et dont le zèle ne se confina jamais aux années d'école, mais envisagea toujours l'homme dans l'enfant, le chrétien de demain dans l'écolier d'aujourd'hui. C'est donc un homme qui a l'expérience de la formation chrétienne de la jeunesse; si, dans son livre, il semble si bien la connaître, c'est qu'il l'a longuement pratiquée; et s'il semble tant l'aimer, c'est que, par le fait, il s'est voué et dévoué à elle, comme le vrai éducateur chrétien, de tout son cœur et de toute son âme. Puisque l'anonyme me met ici à l'aise avec sa modestie, j'ajouterai que le succès a largement récompensé son zèle et que sa carrière d'éducateur compte parmi les plus fécondes.

Ainsi, on peut dire que son livre a été enseigné, au moins en ses principes essentiels, avant d'être écrit. C'est déjà, dans l'espèce, une bonne condition de succès. Il en est d'autres que je m'en voudrais de passer sous silence.

Ce livre n'est pas, comme on pourrait le croire, le fruit des loisirs que laisse plus ou moins l'enseignement quotidien; si l'auteur eût attendu des loisirs de cette sorte, il en serait peut-être encore à rêver son livre, sauf à ne jamais l'écrire. C'est la Providence qui lui a ménagé les heures de liberté que réclamait l'exécution d'un semblable projet. Une douloureuse infirmité est venue condamner, bien avant l'heure, le professeur à la retraite ; mais comme cette infirmité laissait intacte l'activité intellectuelle, il n'a pas cru que la retraite, même torturée par la souffrance, mît fin à sa mission d'éducateur chrétien. La plume pouvait encore remplacer la parole ; pourquoi, dès lors, ne pas écrire pour ces chers jeunes gens qu'il ne lui était plus donné d'enseigner autrement ? Il me semble que cette circonstance méritait d'être signalée, non seulement comme un bel exemple de zèle chrétien, mais encore comme un titre de plus au reconnaissant accueil des lecteurs auxquels ce livre s'adresse. Au surplus, n'est-il pas permis d'espérer que la bénédiction de Dieu ne manquera point à une œuvre conçue, en définitive, pour sa plus grande gloire, et exécutée au milieu d'une épreuve permise par Lui et utilisée pour Lui ?

Ainsi pensait un grand chrétien que la mort ravissait naguère à l'enseignement catholique. Mis au courant du projet d'où est sorti le présent ouvrage, notre vénéré et si regretté Doyen de la Faculté catholique des Sciences, M. Valson, s'était empressé de prodiguer à l'auteur et ses encouragements et ses conseils ; c'est même sous l'inspiration de ce maître éminent que le **Savoir-vivre** a été complété par un chapitre sur le **Savoir-travailler**, destiné au jeune homme qui a terminé ses études. S'il n'a pu écrire lui-même la préface d'un livre dont la pensée répondait si bien à la sienne, que son nom vénéré lui serve du moins de garant auprès des familles chrétiennes ! Ce lui sera un bon patronage que le patronage, même posthume, d'un tel maître.

Mais de m'arrêter ainsi à en conter la genèse, n'est-ce pas m'exposer à paraître exagérer l'importance d'un livre qui se rattache, en somme, au genre quelque peu démodé des traités de *Civilité ?* Cette pensée ne pourrait venir qu'à des esprits superficiels, qui s'imagineraient que l'éducation de la jeunesse finit avec les années d'école, ou bien encore, que les questions de savoir-vivre n'ont rien à faire avec les principes chrétiens. En réalité, comme l'écrivait Saint-Marc Girardin, « *l'éducation est de tous les âges : elle commence et elle finit avec nous* ». Pourquoi donc s'étonner qu'un maître se soucie du lendemain de l'école jusqu'à guider lui-même son élève dans le monde par le livre, c'est-à-dire par une sorte de *memento* de ses leçons d'éducation pratique? D'autre part, si le terme de *savoir-vivre* éveille d'abord l'idée d'une conformité extérieure aux usages du monde et aux convenances sociales, il peut devenir le synonyme de *politesse chrétienne*, quand cette conformité se réalise en vertu d'un principe intérieur : le principe chrétien. Il y a une politesse qui n'est que l'imitation des vertus sociales ; c'est celle que Vinet définissait : « *Une ingénieuse contrefaçon de la bonté* ». Mais il y en a une autre qui est l'expression même de ces vertus, suivant la définition de Fénelon : « *La vertu donne la véritable politesse* ». Avec la première, on peut paraître bon sans l'être; avec la seconde, il faut l'être pour le paraître. Ai-je besoin de dire quelle est, de ces deux formes, celle qui fait l'idéal du maître chrétien? C'est bien aussi la politesse chrétienne que vise constamment l'auteur du **Savoir-vivre**, lui qui résume son chapitre de la « *distinction* », but dernier du savoir-vivre, par cette formule qui a valeur d'axiome : « Tous les jeunes gens *véritablement* chrétiens sont distingués ». Non certes, il ne faut pas dédaigner ces livres modestes qui, en traçant les règles de la politesse, prêchent encore la vertu. On ne les a que trop dédaignés et depuis trop longtemps; sachons gré à qui, sur ce point si important, fournit à l'enseignement chrétien un manuel d'éducation scolaire et postscolaire qui lui manquait.

Le fond de ce manuel, très complet et remarquablement adapté aux usages contemporains, est bien tel qu'on pouvait l'attendre d'un maître expérimenté, avisé et chrétiennement zélé; la forme, par surcroît, en est fort attrayante. Citations nombreuses qui présentent comme la fleur de la pensée chrétienne en matière d'éducation ; anecdotes, graves ou piquantes, qui précisent ou égaient la leçon ; portraits tracés avec autant de finesse que de fermeté dans le trait ; mais, par-dessus tout, style d'une sobre précision et d'une transparente limpidité : telles sont les principales qualités de forme par lesquelles ce livre se recommande lui-même, comme il se recommande par ses qualités de pensée. Ajouterai-je que l'auteur n'a pas même négligé de demander à la photographie la « *leçon de choses* », qui est un agrément de plus ?

Un tel livre répond à un besoin que je ne crains pas d'appeler social : celui de sauver la politesse française et chrétienne — française parce que chrétienne — des dangers qui la menacent de plus en plus. Souhaitons que les familles, soucieuses de faire durer chez leurs enfants le bienfait de l'éducation chrétienne reçue à l'école et de leur assurer la distinction qui en est le reflet prolongé, fassent au **Savoir-vivre de l'Enfance et de la Jeunesse** l'accueil que, de tous points, il mérite.

A. Devaux,

Doyen de la Faculté catholique des Lettres.

Lyon, 1er juin 1902.

AVERTISSEMENT

L'accueil bienveillant fait à la première édition du « Savoir-vivre », *les encouragements de nos amis et le désir de nous rendre toujours plus utile à la Jeunesse, à laquelle nous avons consacré notre vie, nous ont engagé à revoir notre travail, pour l'enrichir, le modifier ou le développer en plusieurs points.*

Nous n'avons pas la prétention de présenter un traité complet du Savoir-Vivre : il est des milieux, des circonstances, qui demandent une étiquette spéciale dont il n'est pas possible de faire mention dans un ouvrage aussi restreint. Néanmoins, nous osons dire que nous sommes entré dans des détails suffisants pour, qu'avec un peu de tact, on puisse se tirer d'embarras dans les cas les plus difficiles.

Comme nous nous adressons surtout à des jeunes gens, il nous a paru bon de joindre, aux règles de la bienséance extérieure, des conseils pratiques sur le « Savoir-Travailler », *qui est, en définitive, le* Savoir-Vivre de l'intelligence : *conseils qui, tout en leur permettant de conserver les connaissances acquises, leur seront un des moyens les plus efficaces pour leur préservation morale au milieu des dangers qui les menacent.*

Nous avons hâte d'ajouter que, grâce au bienveillant concours de M. Bolze, le distingué et bien connu professeur de maintien de notre ville, auquel nous adressons nos sincères remerciements, nous avons pu illustrer le texte de l'ouvrage de quelques gravures, dont la vue sera pour le lecteur comme un enseignement pratique du savoir-vivre.

Enfin, bien que, dans ce modeste travail, nous ne nous soyons point appliqué à donner à la rédaction l'élégance et la richesse d'une œuvre purement littéraire, nous croyons que Messieurs les Professeurs pourront, avec profit, mettre, à titre de livre de lecture, ce petit traité entre les mains de leurs Elèves, qui y trouveront, avec le charme des explications qui leur seront données, l'intérêt des questions de politesse qu'il importe de se rendre familières dès l'âge le plus tendre.

Nous accueillerons avec reconnaissance les suppléments et les corrections qu'on voudra bien nous indiquer et qui serviront à rendre moins imparfait un travail que nous considérons comme un moyen de plus de contribuer à la bonne formation des jeunes gens auxquels il est particulièrement destiné.

Lyon, le 10 juin 1902.

SAVOIR-VIVRE

DE

l'Enfance et de la Jeunesse

LA POLITESSE

La politesse a été définie : « *Une application délicate et attentive à témoigner à tous, par notre conduite extérieure, notre estime et notre bienveillance.* »

« *Elle se lie à des vertus de race, dont une nation peut être justement fière. Toute faite de charité, de générosité et de délicatesse, elle est la gloire de notre chère nation et l'apanage du caractère français.* » (Mgr DUPANLOUP.)

« *Cette fleur de la débonnaireté* », comme l'appelle saint François de Sales, rend plus faciles et plus aimables les relations sociales.

Plus un peuple est civilisé, plus il est poli. Aux beaux jours de la Grèce, on entendait dans les temples cette prière : « *Accordez-nous de ne rien dire que d'agréable, de ne rien faire qui ne plaise.* »

L'homme poli est bon pour tous, il évite de faire de la peine et cherche à faire plaisir. Il est digne sans hauteur, réservé sans taciturnité ; ses manières sont affables ; il cause avec esprit et écoute avec bienveillance.

Celui qui est impoli manque toujours à la charité et souvent à la justice, laquelle s'étend beaucoup plus loin qu'on ne le pense communément. « *Les hommes*, dit Joubert, *ne sont justes qu'envers ceux qu'ils aiment.* »

On distingue deux sortes de politesse : celle *des manières* et celle *du cœur*.

La première a pour but la connaissance et la pratique des règles du *savoir-vivre* et de l'étiquette.

Le *savoir-vivre* consiste essentiellement dans les formes extérieures. Il indique les habitudes, les usages, les manières de parler et d'agir de la bonne société. C'est le cérémonial des gens bien élevés.

Obligé de vivre dans le monde, on ne peut rester étranger à ses coutumes, ignorer son langage, ce qu'il exige dans les différentes circonstances de la vie, sous peine de passer pour un homme sans éducation. Mais, pour être appliquées convenablement, les règles du savoir-vivre demandent beaucoup de tact. Sous prétexte de politesse, il ne faut pas être obséquieux, guindé, manquer de simplicité, d'aisance ou de naturel.

La *politesse du cœur* s'occupe des choses intimes : elle apprend à aimer le prochain, à sacrifier son bonheur à celui d'autrui. Elle n'est pas autre chose que la charité, dont saint Paul a dit : « *qu'elle est patiente, bienfaisante, qu'elle supporte tout, qu'elle souffre tout et qu'elle ne fait rien contre la bienséance.* »

On est souvent étonné de trouver, chez les habitants des campagnes, un tact exquis, un parfait sentiment des convenances. Quoique sans éducation, ils sont aimables et polis, parce qu'ils pratiquent la charité, vertu divine qui rend modeste, indulgent et bienveillant.

« *Dans les montagnards*, dit saint François de Sales, *j'ai souvent rencontré cette bonne et merveilleuse simplicité, qui fait la parfaite politesse, que le monde, tout poli qu'il est, ne connaît pas toujours.* »

Celui qui n'a que *la politesse du cœur* pourra se tromper sur la forme d'un chapeau, ou d'un manche de parapluie, sur la manière d'entrer dans un salon... ; mais, comme il est bon, généreux, compatissant, il cédera la meilleure place à une dame, à un infirme ; il ne restera pas assis quand un vieillard est debout...

La politesse est à l'esprit
Ce que la grâce est au visage ;
De *la bonté du cœur* elle est la douce image,
Et c'est la *bonté* qu'on chérit.

C'est dès le jeune âge, alors que les défauts ne sont pas enracinés, qu'il faut prendre l'habitude d'être poli ; car, pour toutes les carrières, la politesse est une condition indispensable de succès.

Que de positions ont été compromises, non par manque de *savoir*, mais par manque de *savoir-vivre!* Un jeune secrétaire d'ambassade demandait un jour, à un vieux diplomate, ce qu'il devait faire pour réussir : « *Soyez poli*, répondit ce dernier, *et votre succès est assuré.* »

Le monde fait relativement peu de cas du bagage scientifique. Il classe dans la catégorie des gens mal élevés des personnes très instruites, mais qui affectent un certain mépris pour les convenances sociales. « *C'est pour mettre ses défauts plus à l'aise*, dit un auteur, *qu'on s'affranchit des lois de la civilité.* »

L'homme poli plaît à tout le monde, on recherche sa compagnie, et volontiers, on entre avec lui en relations d'affaires ou d'amitié. On peut dire de la vraie politesse, ce qui a été dit de la piété : « *qu'elle est utile à tout.* »

La politesse est surtout une science pratique : elle s'apprend un peu dans les livres et beaucoup par la fréquentation des gens bien élevés. Il y a dans le maintien, la physionomie, la parole, le geste d'une personne polie, une expression, des détails que les meilleurs traités ne sauraient exprimer. C'est pourquoi il faut recommander aux enfants et aux jeunes gens d'être très attentifs, toutes les fois qu'ils se trouvent en présence des personnes qui connaissent et qui pratiquent les règles du « *savoir-vivre* ».

PROPRETÉ

Le premier devoir qu'impose le savoir-vivre est d'être propre. Cette précieuse qualité peut être considérée comme une vertu. Elle plaît à tout le monde, tandis que le défaut contraire provoque la répulsion et le dégoût. La vue d'une personne malpropre repousse et souvent l'odeur qu'elle exhale fatigue.

La propreté, qu'il ne faut pas confondre avec la vaine et sotte coquetterie, est une forme du respect de soi-même et des autres; tandis que la malpropreté est un signe presque certain de la bassesse des goûts, sinon du défaut de conduite.

« *Je ne sais*, disait Henri IV, *comment on peut se dispenser d'honnêteté et de propreté, quand il ne faut qu'un coup de chapeau pour être honnête et un verre d'eau pour être propre.* »

L'eau est nécessaire à la santé; elle favorise les importantes fonctions de la peau et préserve de bien des maladies. On ne saurait trop, avec l'illustre docteur Kneipp, en recommander l'usage.

On doit prendre des bains de pieds au moins tous les huit jours et, de temps en temps, des bains complets.

Chaque matin, il faut se laver les mains, le visage, le cou, les oreilles, se peigner et se brosser la tête, se nettoyer les ongles, cirer sa chaussure, brosser ses habits, examiner si ses bas ne sont pas déchirés et ses vêtements tachés.

La propreté est la parure du pauvre; si elle manque au riche, rien ne saurait la remplacer.

On doit changer de linge de corps au moins une fois par semaine en hiver, deux fois en été, après certains travaux, une longue course...

Non seulement la propreté nous rend agréables aux autres et favorise notre santé, mais elle est encore une source précieuse d'économie.

Un vêtement qu'on met en place, qu'on plie avec soin, qu'on ne porte qu'au temps voulu, fera un usage beaucoup plus durable que celui qui est jeté négligemment sur une chaise et porté sans précaution dans n'importe quelle circonstance.

Il est bon de prendre pour l'intérieur de la maison les habits un peu usés.

DE L'ORDRE

« *L'ordre a une place pour chaque chose et met chaque chose à sa place* » ; il constitue une économie de temps et d'argent et contribue beaucoup à mettre un peu de méthode dans l'esprit.

L'ordre est une économie de temps.

Lorsque les choses sont là où elles doivent être, on les trouve aisément quand on en a besoin et on ne perd pas de temps à les chercher.

Le jeune homme qui a de l'ordre soumet sa vie à un règlement. Toutes ses actions se font à des moments déterminés. Chaque heure a son devoir et chaque devoir son heure. Il est exact, il est là où il doit être, il fait ce qu'il doit faire, il est avare des moindres instants.

Cette vie ainsi ordonnée est féconde. Celle de l'illustre Cuvier en est un exemple remarquable. « *Chaque heure avait son travail marqué*, dit son biographe, *chaque travail avait son cabinet spécial où se trouvait tout ce qui était nécessaire à ce travail : objets, livres, dessins.* ». Cette habitude de l'ordre lui a permis de faire les incomparables travaux qui ont immortalisé son nom.

L'ordre est aussi une économie d'argent. Le jeune homme qui a cette précieuse qualité veille à ce que les choses à son usage ne se détériorent pas, ne s'égarent point et il n'a pas à les renouveler si souvent.

Il marque toutes ses dépenses, lors même que les sommes dont il dispose sont peu considérables. Comme il connaît toujours très exactement l'état de sa petite caisse, il la ménage et n'est jamais pris au dépourvu.

Le jeune homme sans ordre donne sans compter, dépense sans contrôle. « *L'argent*, suivant une expression populaire, *fond dans ses mains* » ; son porte-monnaie est presque toujours vide.

Il ne paie pas ses fournisseurs, il ne vérifie pas leurs notes, il se laisse tromper : c'est un commencement de ruine. Négligent pour les petites sommes, plus tard, il le sera pour les grandes.

Le meilleur moyen pour s'enrichir, ce n'est pas de payer ses dettes, *mais de n'en point faire.*

On comprend qu'une vie sans ordre, décousue, où rien ne tient à rien, où tout se fait au hasard ou suivant le caprice, soit à peu près stérile. Ce manque de discipline détruit l'énergie, affaiblit le caractère et rend la volonté hésitante et flottante. On devient bientôt incapable de mener à bonne fin une étude, une entreprise quelconque.

Si l'on veut qu'une vie soit utile et féconde, il faut y mettre de l'ordre, savoir économiser le temps, « *avoir une place pour chaque chose et mettre chaque chose à sa place.* »

DU MAINTIEN

Le maintien est l'ensemble des diverses attitudes que prend le corps. Il révèle la manière d'être, et les qualités d'un enfant, d'un jeune homme; c'est un indice presque certain de bonne ou de mauvaise éducation.

Un bon maintien est l'ennemi des airs pédants, niais, brusques ou légers et de tout ce qui ressent la nonchalance et la mollesse. C'est un composé de simplicité et de dignité, de respect de soi-même et des autres, de Dieu toujours présent.

« *Il doit*, dit M. Salva, *être ferme sans raideur, gracieux sans afféterie, naturel sans laisser-aller, aisé sans arrogance, modeste sans timidité.* »

Plus il est naturel, plus il est convenable : l'affectation est toujours un défaut.

C'est dès le premier âge qu'il faut éviter le laisser-aller et tenir le corps dans une attitude ferme, digne mais sans raideur.

Les enfants d'un caractère pétulant sont plus exposés que les autres à violer les règles de la bonne tenue; ils sont toujours en mouvement, ils se portent tantôt sur un pied, tantôt sur un autre, prennent des poses commodes et ne se gênent en rien.

La démarche révèle le caractère. Le vaniteux ne marche pas comme l'homme modeste; le nonchalant se traîne; l'orgueilleux relève la tête; le timide, à la parole embarrassée, aux manières guindées, la baisse.

Une tenue digne inspire le respect et donne un air distingué. Cette distinction, si ardemment désirée par les mères de famille pour leurs enfants, est un fruit naturel de la haute idée que le chrétien doit avoir de sa dignité.

Quand on est *debout*, il ne faut pas s'affaisser sur soi-même, se porter sur une seule jambe, s'appuyer contre la muraille, courber la tête ou prendre la posture du soldat sous les armes. Les pieds doivent être l'un à côté de l'autre, comme pour marcher.

Il faut veiller à ce que les enfants aient la tête, non pas haute, mais *droite* et les *épaules effacées*. On obtient facilement ce dernier résultat en exigeant qu'ils aient toujours, soit en marche, soit au repos, *les coudes au corps*, sans contrainte ni raideur.

Quand on est *assis*, on doit placer les genoux à angle droit, avoir les talons presque réunis et les bouts des pieds légèrement écartés.

Un jeune homme bien élevé ne se renverse pas nonchalamment sur son siège et ne croise pas les jambes, surtout en présence d'un supérieur. Il évite tout ce qui ressent le laisser-aller, comme de s'accouder sur le bras d'un fauteuil en soutenant sa tête, d'accrocher un bras au dossier de sa chaise, de prendre un de ses genoux dans ses mains, etc. Il ne fait pas comme le fashionable, qui frise sa moustache, boucle ses cheveux, se regarde dans un miroir, fredonne des airs; mais il se fait remarquer par la réserve et la dignité de son maintien.

« *Un sot ne s'assied, ni ne se lève, ni n'est*

sur ses jambes comme un homme d'esprit. » (LA BRUYÈRE.)

De la Tête. — La tête est la partie la plus noble du corps. On ne doit pas la pencher à droite ou à gauche, l'incliner en avant, la rejeter en arrière, la tourner avec précipitation ; il faut la tenir droite sans raideur.

Il est inconvenant de répondre par un signe de tête à une question posée, et de porter sans nécessité la main au visage et aux cheveux.

Du Visage. — Le visage est le miroir de l'âme. Lorsque l'âme est troublée, agitée, la face révèle immédiatement ce trouble et cette agitation. C'est le livre du cœur ; le vice et la vertu y laissent des traces caractéristiques.

Certains visages, aux traits parfaitement réguliers, loin d'attirer, repoussent, parce qu'ils révèlent la haine, la méchanceté, le vice.

La face du Curé d'Ars et celle de Voltaire se ressemblent ; mais combien est différente l'expression de leur physionomie ! « *Il y a des beautés insupportables*, dit Mme de Staël : *ce sont celles qu'aucune intelligence, qu'aucun sentiment n'éclaire.* »

Un visage modeste, qui respire la douceur et la bonté, plaît toujours. « *La face de l'homme bienveillant*, a dit un célèbre auteur, *est franche et sereine ; un demi-sourire permanent l'éclaire, et ses traits expansifs sont ouverts à toutes les douces émotions.* »

« *Le visage*, dit saint Jean-Baptiste de la Salle, *doit être gai sans dissipation, serein sans être trop libre, et donner à tous des marques de respect ou au moins d'affection et de bienveillance.* »

Il ne convient pas d'être sombre et rêveur lorsqu'on écoute un récit joyeux, ni d'avoir un air riant quand un malheur nous a frappés ou que nous conversons avec des personnes qui sont dans la tristesse.

« *A l'égard de ses propres affaires, un homme sage devrait tâcher d'avoir toujours un visage égal ; car, comme l'adversité ne doit point l'abattre, la prospérité ne doit pas aussi le rendre plus gai.* » (Saint Jean-Baptiste de la Salle.)

En présence des supérieurs, il faut avoir une gravité modeste et non une timidité qui fait trembler les lèvres, ferme la bouche et rend maladroit.

DES CHEVEUX ET DE LA BARBE

Les cheveux et la barbe exigent des soins journaliers et constants.

Les cheveux demandent à être taillés assez souvent. Coupés courts, ils sont plus faciles à tenir propres et donnent un air plus viril. Un jeune homme qui se parfumerait, se ferait friser ou qui attirerait l'attention par un arrangement bizarre de sa chevelure, n'échapperait pas à la critique : « *Une tête creuse*, dirait-on, *a besoin d'être ornée.* »

Les parfums irritants, comme le musc, l'ambre gris... fatiguent beaucoup de personnes. On ne doit en faire usage que par nécessité. « *Pour sentir bon*, a dit Montaigne, *on ne doit rien sentir.* »

On peut cependant user des eaux de toilette et de quelques essences très douces, comme le jasmin, la violette, etc.

Ceux qui prennent l'habitude de se faire la barbe tous les jours souffrent moins, perdent peu de temps et sont toujours propres.

Du Front. — Le front est le siège de la pudeur et de la sagesse. Il s'assombrit et devient menaçant sous l'action d'une passion violente.

L'honnêteté comme la perversité, le crime comme l'innocence, y laissent leur empreinte. Contracté par des rides, il donne un air sombre ou affairé ; calme et uni, il révèle la paix intérieure.

Une parole obscène, un geste indécent font monter le rouge au front de celui qui a le cœur pur et droit.

Des Yeux. — L'œil révèle les sentiments et les agitations du cœur ; il en est l'interprète fidèle.

Ceux qui sont habiles à dissimuler ne réussissent pas toujours à cacher l'expression naturelle de leurs yeux. Les coupables, dont le regard est mobile et mal assuré, le comprennent ; aussi ne regardent-ils jamais en face.

L'œil calme abaisse un peu la paupière supérieure sur l'iris, tandis que la paupière inférieure lui est tangente ; c'est l'indice de la bienveillance.

Doux et modeste, l'œil est particulièrement agréable ; dur et farouche, il décèle la colère ; hautain et altier, l'insolence ; terne et sans vie, la nonchalance et la stupidité.

L'étourdi promène son regard de côté et d'autre ; le distrait a souvent des yeux grands ouverts, immobiles, fixés sur un objet qu'il ne voit pas.

Dans la conversation, on ne doit pas avoir les yeux constamment baissés, ce qui donne un air guindé, ni fuir les regards de son interlocuteur, car on se méfie de celui qui ne regarde pas en face ; il faut que les yeux soient vaguement dirigés vers le bas de la figure de la personne qui parle.

Cligner de l'œil, contrefaire les louches, rouler les yeux dans leur orbite, pour se donner un air farouche, sont des actes grossiers, qu'un enfant bien élevé ne se permet jamais.

Du Nez. — Rider le nez en soulevant les lèvres, est un signe de mépris, d'impertinence ou de présomption. Cet acte, souvent répété, finit par donner au visage une expression particulière, remarquable chez le vaniteux et le sot.

On dit qu'un nez rouge et bourgeonné indique l'ivrognerie ou la débauche; cela n'est pas toujours vrai.

Il n'est pas permis de flairer une fleur que tient une personne, ou d'en présenter une après l'avoir flairée soi-même.

Du Mouchoir. — Il faut se moucher avec délicatesse, rapidité et sans bruit. On prend son mouchoir par le milieu, toujours du même côté, en se guidant sur l'ourlet, puis on le referme prestement et sans examen. S'il est parfaitement propre, il suffit de le chiffonner avant de le mettre dans sa poche. On ne doit pas le déployer avec une espèce de solennité, gesticuler avec, le déposer sur une chaise ou un meuble, etc..., mais le cacher le plus possible et le changer souvent, surtout si l'on a la mauvaise habitude de priser.

On ne crache pas dans le feu, sur le plancher, par la fenêtre, en voiture, mais dans son mouchoir. L'hygiène, comme la politesse, le demande. Quand on tousse ou qu'on éternue, on met discrètement son mouchoir devant la bouche pour étouffer le bruit. Actuellement, on ne fait plus attention à une personne qui éternue; c'est un petit incident qu'on laisse passer inaperçu.

On ne peut pas se dispenser de se moucher,

de cracher, de tousser, d'éternuer en compagnie. Mais, comme toutes ces actions ont quelque chose de répugnant, il faut les faire avec propreté, rapidité, sans trop de bruit et en évitant de gêner ceux qui parlent et ceux qui écoutent.

Porter les mains au nez, mettre les doigts dans les narines, faire des aspirations bruyantes, des râclements de gorge, des reniflements, etc., sont autant de défauts nuisibles à la santé et contraires aux règles les plus élémentaires de la politesse. Ici se place tout naturellement la question du « tabac » et la façon d'en user.

Du Tabac. — Il y a plusieurs manières d'user du tabac; la meilleure ne vaut rien. C'est sous Catherine de Médicis qu'on prit, en France, l'habitude de priser. Les lois les plus sévères ne purent empêcher cette habitude de se répandre. Et cependant : « *Il n'est personne*, dit l'auteur des « Convenances ecclésiastiques », *qui ne se soit senti pénétré d'un profond dégoût à la vue de certains priseurs, le visage, les mains souillés de tabac, laissant échapper de leurs narines deux ruisseaux noirâtres, qui coulent le long de leurs lèvres et tombent sur leurs habits, leurs livres, leurs papiers* » ; et il aurait pu ajouter : sur la table, le pain, les aliments et sur tout ce qui les entoure.

Dans une poésie très spirituelle, Thomas

Corneille, pour excuser ce vilain défaut, nous dit que le tabac à priser est utile à la santé :

> C'est dans la médecine un remède nouveau ;
> Il purge, réjouit, conforte le cerveau ;
> De toute noire humeur, promptement le délivre.

. . . .

Avec le temps, ce remède devient d'une impérieuse nécessité et demande une grande énergie morale et beaucoup de force de caractère pour s'en priver.

Le priseur doit veiller sur lui pour être toujours d'une irréprochable propreté, changer souvent de mouchoir, éviter d'avoir constamment la tabatière à la main, la prise aux doigts (1), et de se rendre ridicule par des reniflements, des grimaces, des aspirations bruyantes, etc...

Sauf le cas d'une grande familiarité, il n'offrira pas et il ne demandera pas de tabac, à plus forte raison n'en prendra-t-il pas dans une tabatière laissée sur une table ou sur une cheminée.

Un jour, un page de Frédéric II, croyant le roi très occupé, se permit de prendre une prise dans la tabatière royale, ornée de diamants, et laissée sur la table.

Frédéric II, qui s'en aperçut, lui dit : « *Il*

---

(1) Lorsqu'on prend du tabac en compagnie, il faut que cela soit rare et qu'on n'ait pas toujours une tabatière à la main et les mains pleines de tabac.

(SAINT JEAN-BAPTISTE DE LA SALLE.)

paraît, Monsieur, que vous prenez du tabac; avez-vous une tabatière? — Non, Sire, répondit le page en tremblant. — *En ce cas, mettez celle-ci dans votre poche, elle est trop petite pour deux.* »

Le roi fut généreux, et le page, qui avait manqué gravement aux convenances, fut agréablement surpris.

Les enfants sont plus portés à fumer qu'à priser. La cigarette a pour eux le charme du fruit défendu; c'est un peu ce qui les engage à la rechercher avec tant d'ardeur. Et cependant, quels ne sont pas les tristes effets de l'abus du tabac, surtout chez les jeunes gens! Il énerve et amollit la volonté, affaiblit l'intelligence, ralentit les fonctions digestives, prédispose au cancer de la bouche, cause d'inutiles dépenses, etc., etc.

Le fumeur, toujours altéré, se laisse facilement entraîner aux excès de boisson. L'alcoolisme et l'abus du tabac, ces fléaux qui produisent des misères physiques et morales si graves, se rencontrent souvent chez le même sujet. On ne saurait trop prendre de précautions pour s'en préserver.

L'odeur du tabac est vive, pénétrante, et, pour beaucoup de personnes, très désagréable, ce qui oblige le fumeur à quelques précautions. Il doit aérer ses appartements, exposer ses vêtements au soleil, et, après avoir fumé, se laver la bouche et les mains, prendre quelques pastilles de menthe ou un peu de cachou.

Un jeune homme bien élevé ne fume jamais en voiture, en wagon, au restaurant, sans en demander l'autorisation aux personnes présentes. Chez les étrangers, il attend que la permission lui soit offerte ; ii ne la demande jamais. Il n'entre pas chez quelqu'un le cigare en bouche ou à la main. La pipe ne se fume qu'à huis-clos, jamais en public.

Qu'il faut être *insensé* pour se créer des besoins factices, impérieux, tyranniques, difficiles à satisfaire, rarement utiles et presque toujours nuisibles ! ! !

De la Bouche. — La bouche doit toujours être dans la forme qui lui est naturelle. Les lèvres qui font la moue et celles qui expriment le dédain ou l'ironie donnent au visage un air disgracieux. Une bouche fermée, aux lèvres souriantes, annonce la distinction ; tandis que la bêtise et la stupidité sont caractérisées par une bouche toujours ouverte.

On doit éviter de se mordiller les lèvres, de les humecter avec la langue, de les agiter continuellement, ainsi que tout ce qui peut les déformer.

Les soins de la bouche doivent être constants et souvent renouvelés. Il faut, chaque matin, se nettoyer les dents avec une brosse légère et, quand cela est nécessaire, confier ce soin à un dentiste.

On ne doit jamais se curer les dents en compagnie, ni le faire en son particulier avec une épingle ou avec la pointe d'un couteau, mais avec un cure-dent.

On ne saurait trop prendre de précautions pour se conserver une bonne dentition.

Serrer les dents, les rapprocher avec bruit sont de vilains défauts.

Bâiller est un signe de fatigue ou d'ennui, qu'on doit dissimuler le plus possible, avec la main ou le mouchoir. On ne parle pas en bâillant.

Le Rire. — Le rire est un signe de joie et en même temps de supériorité. L'animal ne peut pas rire.

En général, il ne convient pas de rire avec éclat : « *L'insensé élève la voix en riant* », dit la Sainte Ecriture. Un gros rire, qui éclate partout et mal à propos, est le rire d'un sot.

« *Je souhaiterais*, écrivait un père à son fils, *que l'on vous vît souvent sourire, mais que l'on ne vous entendît jamais rire. Il n'y a que les bouffonneries basses et les traits absurdes qui excitent le gros rire.* »

Le sourire, langage du cœur, appartient à l'homme d'esprit et de goût. Il anime le visage et met en relief toutes ses beautés. On l'a heureurement défini : « *Le rire de l'intelligence* ».

Les sourires de la tristesse, de la franchise, de l'innocence, de la cordialité ont des expressions différentes qui ne trompent personne.

Un air gai, un peu dégagé, va bien aux jeunes gens, mais ils doivent éviter scrupuleusement tout ce qui ressent l'arrogance ou l'effronterie.

Dans une réunion quelconque, il est très inconvenant de rire entre soi, de se pousser du coude, de se faire des œillades; c'est mettre à la gêne les personnes présentes.

Il est bon de s'habituer à tenir son sérieux en présence d'une chose risible, pour ne pas s'exposer, dans certains cas, à froisser quelqu'un par un rire involontaire. On ne saurait trop prendre de précautions pour éviter les tics, les manies, tout ce qui est ridicule.

Ne prêtez pas à rire à qui manque de cœur :
Il en profiterait pour vous perdre d'honneur.

Des Oreilles. — La malpropreté des oreilles, outre qu'elle est dégoûtante pour ceux qui nous entourent, peut causer une infirmité grave, la surdité. Il faut les laver chaque matin avec beaucoup de soin, les nettoyer avec un cure-oreille, jamais avec une épingle, un porteplume et encore moins avec les doigts.

Lorsqu'on est embarrassé pour répondre, il est ridicule de se gratter l'oreille, comme le font certains enfants.

Des Mains. — C'est par la netteté des mains qu'on distingue, dans le monde, un homme de la bonne société.

On doit les laver non seulement chaque matin, mais avant les repas, quand on va en visite et chaque fois qu'on a touché quelque chose qui a pu les salir.

Les ongles demandent des soins minutieux. Ils doivent toujours être propres, blancs, nets, coupés suivant la forme des doigts, ni trop longs ni trop courts.

Se ronger les ongles est un défaut nuisible à la santé.

Il n'est pas convenable de mettre les mains dans les poches, sur les hanches, derrière le dos (1); il faut les abaisser sur les côtés ou les arrêter à la hauteur de la ceinture, de manière que la droite soit sur la gauche.

Un objet quelconque se présente généralement de la main droite, afin que la personne à qui on l'offre puisse le prendre commodément. Deux objets offerts ou reçus simultanément peuvent se donner ou se recevoir des deux mains. Dans l'échange simultané de deux objets, on présente de la main droite et on reçoit de la main gauche.

Quand une main est occupée, l'autre peut servir à faire des gestes simples, modestes, gracieux, en harmonie avec le discours. Les grands gestes qui rappellent l'orateur, le comédien, l'homme sans-gêne, sont de mauvais ton.

---

(1) Il n'est pas permis de mettre ses mains dans ses poches, ni de les tenir derrière soi.

Il ne faut pas se tirer les doigts pour les allonger, battre du tambour et montrer quelqu'un ou quelque chose avec le doigt.

Certaines personnes sont insupportables quand elles parlent à quelqu'un. Elles se frottent les mains, se frappent la cuisse, font le poing à leur interlocuteur, lui saisissent le bras, le collet, les boutons de son habit, la chaîne de sa montre, etc. ; il semble qu'elles ne peuvent rester en repos. Une personne bien élevée est plus calme, plus réservée.

Des Pieds. — Pour que les pieds n'exhalent aucune mauvaise odeur, il faut les laver souvent et changer fréquemment de bas.

Plusieurs en marchant se traînent, d'autres sautillent, d'autres ont un pas lourd et pesant comme celui des montagnards.

Pour bien marcher, il ne faut pas faire de grandes enjambées, frapper du talon, balancer les bras ou les hanches, baisser une épaule plus que l'autre ; mais on doit poser les pieds avec précaution, la pointe un peu en dehors.

Ceux dont la démarche ressemble à celle de certains palmipèdes ont une tournure des plus disgracieuses.

La canne et le parapluie se tiennent de la main droite, en évitant les manières du fashionable ou celles d'un suisse de cathédrale; on ne les met pas sous le bras. En marchant, on doit s'appuyer sur sa canne à chaque double pas qu'on fait. Ne la poser sur le sol qu'au *second* double pas est tout à fait rustique. S'en servir pour frapper des plantes ou des cailloux, pour faire des moulinets comme un maître de bâton, pour la traîner dans la boue comme un soldat traîne son grand sabre, pour s'appuyer dessus comme si on était empalé, sont autant de choses qu'on ne doit pas se permettre. Si l'on ne s'en sert pas, il faut la tenir en repos.

Quand il pleut, on porte son parapluie avec aisance, l'élevant ou l'abaissant de manière à n'accrocher personne ; on ne l'appuie pas sur l'épaule comme le font certains paysans.

Lorsqu'on abrite une personne à laquelle on doit du respect, il faut le faire même à ses dépens et la reconduire jusque chez elle quand cela est nécessaire.

En marchant, il ne faut pas frotter les pieds l'un contre l'autre, se couvrir de boue, tourner légèrement la tête à droite ou à gauche, mais on doit regarder devant soi, afin d'éviter les dangers ou les obstacles.

DU LEVER ET DU COUCHER

Le lever doit se faire avec régularité, modestie, promptitude, sous le regard de Dieu. La mollesse, cause de tant de vices, est nuisible à la santé. L'hygiène demande qu'on se couche de bonne heure, qu'on se lève matin et qu'on ne prolonge pas trop son séjour au lit : neuf heures pour les enfants et sept à huit heures pour les jeunes gens. Pour conserver toute sa vigueur, toute son activité, il est bon de rester sur le sommeil comme sur l'appétit.

« *Rien n'est plus lâche ni plus honteux*, dit Sénèque, *que de dormir après le lever du soleil.* »

L'Esprit-Saint loue la femme forte d'avoir préparé dès *l'aurore* le travail de ses serviteurs.

Le lever matinal, salutaire au corps, ne l'est pas moins à l'âme. Le démon est au chevet du paresseux et, comme dit Cassien : « *Il fait de lui son coussin et reçoit les prémices de la journée.* »

Le jeune homme pieux se lève à une heure fixe, fait le signe de la croix, offre son cœur à Dieu, s'habille promptement en gardant toutes les règles de la modestie chrétienne. Après s'être agenouillé et avoir prié devant son crucifix et la statue de la Vierge Immaculée, il est prêt pour la journée entière.

Les règles du coucher sont semblables à celles du lever. Un enfant bien élevé ne va jamais prendre son repos sans dire adieu aux membres de sa famille et sans embrasser son père et sa mère. Ce dernier baiser est comme une bénédiction que Dieu ratifie toujours. Si la prière n'a pas été faite en commun, ce qui est regrettable, il la récite aux pieds de son crucifix et il consacre quelques instants à l'examen de sa conscience.

Qu'ai-je fait cette journée? Quelles sont les personnes que j'ai vues, les lieux où j'ai été? Quelles fautes ai-je commises? Quelles résolutions dois-je prendre?

Cet examen, important à tous les points de vue, a été recommandé même par les philosophes païens.

On se couche ensuite sur le côté droit pour ne pas gêner les mouvements du cœur.

Les anciens considéraient le lit comme un temple : ils avaient raison.

DE L'HABILLEMENT

Les vêtements froissés ou tachés sont un signe de négligence ou de malpropreté (1).

Pour les conserver toujours propres, il faut éviter de les couvrir de boue, de se frotter contre les murs, de s'asseoir sur ce qui peut les salir, de les tacher lorsqu'on est à table. Quand on les quitte, il faut les mettre à l'abri de la poussière, les replier dans les mêmes plis, ou les suspendre avec précaution.

En les brossant chaque matin et toutes les

---

(1) « Il est très messéant de souffrir de la graisse ou des taches sur ses habits ou de les avoir sales et déchirés ; c'est une marque d'un homme de basse éducation et de peu de conduite. » (Saint Jean-Baptiste de la Salle.)

fois que cela est nécessaire, en les faisant réparer et dégraisser en temps opportun, ils restent propres et servent longtemps.

Le costume peut varier suivant les saisons, les lieux, les visites que l'on fait, mais il doit toujours être d'une propreté irréprochable.

Un homme soigneux a des habits et un chapeau brossés, du linge bien blanc, des souliers cirés, une cravate et des gants non déchirés.

Un jour on demandait à une personne ce qu'elle pensait d'un jeune homme : « *Oh! il est très bien*, répondit-elle, *il a toujours son chapeau bien brossé, ce qui révèle des qualités rares et précieuses d'ordre, d'économie et de respect.* »

Le vêtement doit être de bon goût et en rapport avec la situation de fortune. Saint Louis conseille de se vêtir suivant sa condition, en sorte que les sages ne puissent pas dire : « *Vous en faites trop!* » et les jeunes gens : « *Vous en faites trop peu!* »

Un homme comme il faut ne se fait jamais remarquer par la bizarrerie ou la singularité de son costume. Il suit les modes sans en être esclave, il sait rejeter celles qui sont extravagantes, immodestes ou qui gênent la circulation du sang.

Il n'est pas le premier à suivre la mode, le dernier à la quitter, comme le conseille un vieux proverbe.

Un soin exagéré de la toilette annonce un

esprit vain, futile et léger. Celui qui attache une importance capitale à ne suivre que la dernière mode, à ne porter que des cravates ou des gants dans le ton du jour, est un sot vaniteux.

« *La simplicité des statues antiques*, dit Fénelon, *doit démontrer combien il y a de noblesse et de grâce dans les vêtements unis. En prenant cette simplicité pour modèle, on se préservera des excès ridicules dans lesquels tombent quelques personnes.* »

Si la vanité est un défaut, la négligence en est un autre non moins grand.

Il y a des jeunes gens qui affectent dans la pose et dans la toilette, un grand sans-façon et beaucoup de négligé; ils sont *au moins* aussi vulgaires qu'ils désirent le paraître.

On doit être sévère pour les enfants qui n'attachent pas leurs souliers, prennent des bas déchirés, refusent de mettre des jarretières et des bretelles, etc... dans la crainte qu'ils ne contractent de mauvaises habitudes.

Les chaussures trop larges nuisent à la démarche, elles blessent les pieds et causent souvent d'atroces douleurs.

LE RESPECT

On dit que le respect se perd; cela est malheureusement vrai et tient à des causes nombreuses. Une des principales, c'est l'affaiblissement de la religion, « *cette grande école de respect* », comme l'a nommée Guizot.

Lorsque le respect diminue, la société va à sa ruine et les salons perdent leur charme. Décadence et impolitesse croissent en même temps et dans le même sens.

« *Le méchant homme*, dit Silvio Pellico, *est celui qui est sans respect pour la vieillesse, les femmes et le malheur.* »

Respect de Dieu. -- Les plus sacrés de nos devoirs sont ceux que nous avons à remplir envers Dieu, l'Etre infini et tout-puissant. Il est notre Père et nous tenons tout de sa bonté.

Newton ne prononçait jamais ce nom adorable sans se découvrir, et Buffon écrivait : « *Je suis affligé toutes les fois qu'on abuse de ce saint nom.* »

Si, pour se présenter devant un grand de la terre, on a soin de s'entourer de l'appareil du respect, que ne doit-on pas faire quand on se trouve dans l'église, la maison de Dieu ?

On ne s'y rend pas dans une toilette excentrique ou négligée, mais dans une tenue propre et convenable, surtout les dimanches et les jours de fête.

En y entrant, on prend de l'eau bénite de la main droite, et, après en avoir offert à ses connaissances, on fait le signe de la croix avec gravité.

On se rend ensuite à sa place, on fait la génuflexion et on adore le saint Sacrement.

Placé à côté de personnes connues, on les salue sans entamer de conversation, se réservant, si cela est nécessaire, de causer avec elles à la sortie.

Lorsqu'on a deux chaises, il est convenable d'en céder une aux personnes qui n'en ont pas et même d'offrir la sienne à un vieillard ou à une femme qui serait debout.

Si l'on arrive quand les offices sont commencés, on doit éviter avec soin que le bruit des pas ou des chaises ne trouble la cérémonie.

Il ne faut pas se singulariser : rester debout quand tout le monde est à genoux, ou assis lorsque tous sont debout, avoir une posture négligée, s'appuyer nonchalamment au dossier de sa chaise, croiser les jambes, les étendre sur le prie-Dieu...

Pendant un sermon, on doit craindre tout ce qui peut distraire l'auditoire, comme de tousser, de faire du bruit avec les pieds, la chaise, de feuilleter un livre, d'échanger quelques paroles ou quelques sourires avec ses voisins.

Quand le pain bénit est offert, on en prend un morceau, sans choisir ; et, avant de le porter à la bouche, on fait le signe de la croix.

On donne aux quêtes, suivant que sa position de fortune le permet, en ayant soin d'accompagner son offrande d'une légère inclination et de ne pas faire attendre.

Dans beaucoup de cérémonies religieuses, on doit avoir les mains nues.

On quitte son livre et ses gants pour se confesser et communier ; de même les militaires déposent leur épée.

Au confessionnal, il faut éviter de regarder le prêtre en face, de se tenir trop près ou trop loin de la grille et de sortir en souriant.

Lorsqu'on visite une église en curieux, il faut s'agenouiller un instant, marcher posément, ne donner le bras à personne, parler bas, avoir un maintien grave, retenu et modeste. Autant que possible, on ne le fait pas durant les offices.

Il faut respecter les ministres de Dieu et les personnes qui Lui sont consacrées, honorer leur caractère, leur céder la place d'honneur, ne pas rester assis quand ils sont debout ; en un mot, leur témoigner partout et toujours un profond respect.

Respect des Parents. — Après Dieu, les parents occupent la première place dans le cœur d'un jeune homme bien élevé. Il les aime et il les respecte.

Il ne faut pas, comme l'a demandé le philosophe de Genève, que l'enfant soit seulement *l'ami* de son père. Cette triste maxime, en détruisant le respect, a considérablement diminué l'autorité paternelle et n'a pas augmenté l'affection filiale.

« *Jamais*, dit Louis Veuillot, *aucune affection n'a rien perdu en franchise pour être restée dans les bornes du respect.* »

La familiarité, qui dégénère souvent en sans-gêne et engendre le mépris, commence là où le respect s'arrête.

Certaines mères de famille sont d'une bonté exagérée, presque revoltante. On en a vu servir leurs enfants comme de véritables domestiques, porter au lit, pendant les vacances, le café de *Monsieur*.

L'amour des parents doit être fort et les engager à faire peu pour le plaisir de leurs enfants, assez pour leurs besoins et tout pour leurs vertus.

Certains jeunes gens ne sont aimables qu'en dehors de la famille. Ils sont semblables à ces artistes ambulants qui, superbement vêtus sur les tréteaux, s'habillent chez eux comme des mendiants.

S'il est vrai que la politesse a pour but de rendre le commerce de la vie plus facile et plus agréable, n'est-ce pas au foyer domestique qu'elle doit d'abord avoir sa place ?

« *Il faut*, dit Joubert, *porter son velours en dedans, c'est-à-dire montrer son amabilité de préférence à ceux avec qui l'on vit.* »

La politesse en famille n'a pas évidemment le caractère de celle pratiquée envers les étrangers ; elle est plus cordiale et moins maniérée.

L'enfant affectueux est naturellement poli ; il aime la compagnie de ses parents, il évite ce qui peut leur déplaire, saisit avec empressement les occasions de leur témoigner son affection, comme celles du premier de l'an, du jour de leur fête, de quelques anniversaires, etc. Il leur prodigue les attentions les plus délicates, les paroles les plus aimables, les caresses les plus tendres ; il leur sacrifie volontiers ses goûts et leur épargne, autant qu'il le peut, toutes les peines, tous les chagrins.

Quand ils sont malades, son affection s'alarme et redouble ; alors il n'a qu'une pensée, qu'un désir : rétablir des santés qui lui sont plus précieuses que la sienne.

Même à un âge avancé, il ne fait rien d'important sans les consulter ; il reste toujours pour eux un fils soumis, respectueux et dévoué.

Bien différente est la conduite d'un enfant irrespectueux et sans amour.

Plein de lui-même, il se croit supérieur à ses parents, il leur parle avec arrogance, les traite avec mépris et ne craint pas de contester avec eux, de leur donner un démenti, de critiquer leurs actes et même de leur adresser des reproches.

Quelquefois il va plus loin encore. Il se moque de ce qu'il appelle leur ignorance, leur peu de perspicacité, leurs manies, leurs toquades !...

Amour fraternel. — Les enfants d'une même famille doivent bien s'aimer entre eux. « *Un frère*, a dit un poète, *est un ami donné par la nature.* »

Cette affection doit être basée sur le respect ; car sans respect il n'y a point d'estime, et sans estime point d'amour.

Les deux grands écueils de l'amour fraternel sont : l'égoïsme et la jalousie.

Lorsque ces deux défauts règnent dans une famille, la politesse en est bannie ainsi que la paix.

La jalousie éteint tous les sentiments généreux, flétrit le cœur et finit par empoisonner les plus charmantes relations.

Elle a une étroite parenté avec l'égoïsme, dont la devise : *Tout pour moi, rien pour les autres*, est directement opposée à celle de la politesse : *S'oublier pour faire plaisir aux autres*.

L'égoïste et le jaloux sont des êtres funestes à la famille ; ils y suscitent des querelles, des inimitiés et même des haines. Qu'on se rappelle les fils de Jacob...

Les garçons doivent traiter leurs sœurs avec déférence, leur rendre tous les petits services dont ils sont capables, leur ouvrir une porte, les débarrasser d'un paquet, leur céder la place d'honneur ; en un mot, faire pour elles tout ce qu'un homme poli fait pour une personne faible, aimée et respectée.

C'est par la pratique constante de la politesse en famille qu'on acquiert l'habitude d'être poli et qu'on mérite la réputation de jeune homme bien élevé.

Respect des Maîtres. — Les maîtres représentent les parents ; ils sont les dépositaires de leur autorité. Leur vie est des plus méritoires. Quel dévouement, quelle abnégation ne suppose-t-elle pas !

Combattre la légèreté, fixer l'attention, faire aimer le travail, ce n'est là qu'une faible partie de leur laborieuse tâche. Ils doivent encore lutter contre les passions naissantes, réformer le caractère, faire détester le vice et chérir la vertu.

La sévérité qui leur est si souvent reprochée est pour eux un devoir, devoir pénible, mais nécessaire. Ce n'est pas en riant, en s'amusant qu'on prépare un avenir.

Après Dieu et nos parents, c'est à nos maîtres que nous devons ce que nous sommes.

« *Je dois plus*, disait Alexandre le Grand, *à Aristote mon maître, qu'à Philippe mon père : ce dernier m'a donné un royaume, et le premier m'a appris à le bien gouverner.* »

Un noble cœur témoigne à ceux qui l'ont élevé, non seulement du respect, mais encore de l'affection ; il ne les considère jamais comme des étrangers ; il oublie leurs défauts et saisit avec empressement toutes les occasions de leur prouver sa reconnaissance.

Marc-Aurèle avait dans son palais les portraits de ses maîtres gravés sur or, et, chaque jour, il leur rendait des honneurs divins.

Respect des Vieillards. — La vieillesse mérite d'être respectée, car presque toujours elle suppose la vertu. Le vice tue le corps et l'âme, et rarement le vicieux arrive à un âge avancé.

Durant de longues années, les vieillards ont travaillé avec courage, lutté avec énergie et beaucoup souffert. Leurs conseils ont la double autorité de la sagesse et de l'expérience.

Manquer d'égards à la vieillesse, c'est se déshonorer; car le vieillard, c'est l'impuissance, la faiblesse; c'est la victime que la mort va bientôt frapper.

Pour apprécier la valeur morale d'un enfant, il faut examiner quel est son respect envers les personnes âgées; par exemple, envers ses grands-parents. Joubert recommande « *de n'estimer que les jeunes gens que les vieillards trouvent polis* ».

A Sparte, une loi ordonnait au jeune homme de se tenir debout à l'approche d'un vieillard, de le saluer quand il le rencontrait, de lui céder le pas, de se taire quand il parlait, de lui témoigner partout une grande déférence.

Ce que la loi ne prescrit plus, la politesse l'ordonne.

A la vue d'un vieillard accablé d'ennuis et d'infirmités, un cœur généreux trouve des paroles aimables, des procédés délicats pour lui faire oublier les tristesses du présent et lui rappeler des temps plus heureux.

Le jeune homme, dans l'ardeur de ses vingt ans, ne croit pas à la mort et encore moins à la vieillesse. Il ne peut se figurer qu'un jour il sera réduit à l'impuissance, que ses membres endoloris refuseront leur service, que ses sens fatigués ne le mettront qu'avec peine en communication avec ce monde, qui fait actuellement sa joie et son bonheur. Cependant ce jour viendra, et peut-être bientôt !

Respect des Malheureux. — Le malheur supporté avec courage mérite le respect. En développant l'énergie morale, il fait les grands caractères. « *Bienheureux ceux qui souffrent! Bienheureux les pauvres!* » a dit Notre-Seigneur.

Les pauvres méritent toutes nos sympathies, car « *c'est par eux*, suivant la belle expression de saint François d'Assise, *que nous avons le moyen de donner à Dieu.* »

Bossuet, dans un sermon célèbre, parle de l'*éminente dignité des pauvres* et prouve qu'en s'inclinant vers eux, loin de s'abaisser, on se grandit.

C'est par la charité qu'on rachète ses fautes et « *qu'on couvre la multitude de ses péchés* ». — « *Si vous avez beaucoup*, disait Tobie à son fils, *donnez beaucoup ; si vous avez peu, donnez peu mais de bon cœur* ». C'est surtout la façon de donner qui fait le mérite de la charité.

« *Faire l'aumône avec dureté, c'est faire dissoudre une perle dans du vinaigre.* » (Cardinal de CHÉVERUS.)

Gardons nos perles bien entières ; elles seront au ciel le plus bel ornement de notre couronne.

Donnez, car de la mort, l'inflexible fantôme
Ne nous laisse emporter dans son fatal royaume
Que nos crimes et nos vertus
Et parmi nos vertus, l'aumône est la plus belle.

On distingue deux sortes d'assistance, celle qui honore et celle qui humilie.

« *L'assistance honore quand elle joint au pain qui nourrit, la visite qui console, le conseil qui éclaire, le serrement de main qui encourage ; quand elle traite le pauvre comme un ami, un frère, un supérieur.* » (OZANAM).

Rien ne touche davantage le malheureux que de se voir traiter avec égards, bienveillance et bonté ; comme aussi rien ne le blesse autant que les manières orgueilleuses, les paroles arrogantes même accompagnées d'une riche aumône.

Un membre des admirables conférences de saint Vincent de Paul donnait à son fils les sages conseils suivants :

« Prends de bonne heure l'habitude de la bienfaisance, mais d'une bienfaisance éclairée par la bonté, et dirigée par la justice. »

« Ne donne pas seulement des secours matériels, mais encore tes soins, tes lumières, des paroles consolatrices plus précieuses que l'or et l'argent. »

« N'oublie jamais que celui qui reçoit étant, par sa nature, l'égal de celui qui donne, doit toujours être traité avec respect, délicatesse et bonté. »

Il ne suffit pas de donner, il faut pour ainsi dire savoir parer son offrande, afin d'en augmenter le prix.

DE LA DISTINCTION

La distinction est le reflet de la beauté de l'âme sur tout l'extérieur ; c'est la supériorité de la vertu sur le vice, des sentiments nobles et élevés sur les idées basses et vulgaires.

Elle s'acquiert et ne se donne pas. Elle n'appartient ni à la naissance, ni à la fortune ; mais elle est la magnifique récompense d'une jeunesse vertueuse.

Le jeune homme distingué se fait remarquer par l'expression de sa physionomie, la dignité de son maintien, la noblesse de son langage, ses qualités d'esprit et de cœur.

Son visage, même dépourvu des dons physiques, est aimable, gracieux, sympathique.

Pour le jeune homme distingué, la propreté est comme une vertu ; ses habits, toujours sans tache, sont simples, élégants, bien portés.

Son désir d'être agréable et d'éviter ce qui peut blesser lui fait observer toutes les règles de la plus cordiale politesse ; ses manières sont affables, sa démarche aisée, son geste sobre. Son langage, spirituel et enjoué, n'est jamais trivial et encore moins grossier. Il a horreur de ces expressions qui ont cours sur le boulevard, et qui constituent ce qu'on nomme la langue verte, « *l'argot* ».

Toute parole légère ou à double sens, loin de le faire sourire, le contriste ; sa froide réserve en impose aux moins retenus.

Le jeune homme distingué ne se complaît pas dans ce qui est bas et vulgaire ; mais il tourne toutes ses aspirations vers le vrai, le bien et le beau.

Avec la prière pour point d'appui, le travail pour levier, il lutte avec courage et constance, triomphe de bien des difficultés et acquiert une grande supériorité.

Le jeune homme distingué a surtout la distinction du cœur, sans laquelle toutes les autres ne sont rien. Il sait se vaincre, dominer ses passions, mépriser le respect humain, rester toujours digne.

Bon et généreux, il aime et patronne les œuvres de charité, et volontiers il se prive pour venir en aide à ceux qui souffrent : aux malades, aux indigents...

Il est fidèle et tout dévoué aux amis qu'il a choisis et qui sont, comme lui, distingués non seulement par les manières, le ton et le langage, mais par l'esprit et le cœur, le dévouement et la vertu.

« *Rien n'est comparable*, dit René Bazin, *à la séduction qu'on éprouve à la vue d'un jeune homme distingué ; son seul aspect fait vibrer tous les sentiments généreux ; les regards s'arrêtent sur lui avec complaisance, et l'on se sent porté à l'aimer, avant même de le connaître.* »

Tous les jeunes gens *véritablement* chrétiens sont distingués.

DE LA TABLE

La gourmandise, *défaut des âmes sans étoffe*, est nuisible à l'esprit et au corps. Elle alourdit l'intelligence, affaiblit la volonté, enfante presque tous les vices, rend égoïste, paresseux, colère, etc...

La sobriété, définie par La Rochefoucauld, « *l'amour de la santé* », est le moyen par excellence pour perfectionner son intelligence et se préserver de la plupart des passions et des maladies (1).

« *A la Trappe*, dit le docteur Debreyne, *beaucoup de maladies sont inconnues ; on y meurt à un âge avancé.* »

Un célèbre médecin, arrivant à la cour du roi de Perse, demanda quel était le régime suivi à la table royale : « *On y mange quand on a faim et jamais de manière à satisfaire complètement son appétit.* » — « *Alors*, repartit le docteur, *je n'ai rien à faire ici* » ; et il se retira.

Les enfants sont portés à la gourmandise ; loin de favoriser cette inclination, il faut la combattre. On doit leur donner, à des heures fixes, une nourriture abondante, substantielle et préparée simplement. Jamais de mets

---

(1) « Une des plus grandes injures qu'on puisse faire à un homme est de lui reprocher d'aimer le vin et la bonne chère. » (Saint-Jean-Baptiste de la Salle.)

excitants, de vin pur, de café, de liqueurs, sauf peut-être pour les scrofuleux (1).

De bonne heure, il faut les habituer à manger convenablement, avec propreté, élégance et leur rappeler souvent qu'à table comme partout, on doit éviter ce qui peut déplaire, chercher à faire plaisir, s'oublier soi-même et s'occuper des autres.

Les repas peuvent se diviser en deux grandes catégories : les *repas de cérémonie* et les *repas en famille ;* ces derniers de beaucoup les plus importants.

Les *repas de cérémonie :* festins, banquets, dîners de noces, etc., demandent une observation plus rigoureuse des lois de la table et de l'étiquette.

Lorsqu'on est invité à un de ces repas, il faut s'y rendre dans une toilette de ville soignée et se présenter au salon dix minutes environ avant l'heure indiquée. Trop tôt serait indiscret, trop tard serait malhonnête.

Dès que le domestique annonce que *Madame est servie*, le maître de la maison présente le bras gauche à la dame la plus qualifiée pour se diriger vers la salle à manger.

Tous les hommes l'imitent en ayant soin de franchir, les premiers, le passage des portes.

Dans le défilé, on prend le rang qui con-

---

(1) Voir la note à la fin du volume.

vient; les jeunes gens passent les derniers. Arrivé près de la table, il faut attendre, un peu à l'écart, que la maîtresse de la maison indique la place qu'on doit occuper ou, si les noms des convives sont inscrits sur une carte, chercher le sien en partant des places les moins honorables.

On récite alors son *bénédicité*, sans forfanterie comme sans respect humain. Dans les dîners académiques, l'illustre évêque d'Orléans, Mgr Dupanloup, disait le *bénédicité* et les grâces à haute et intelligible voix; et Dumas fils, lui-même, esquissait un signe de croix.

Ce n'est qu'après le maître de la maison qu'on doit s'asseoir et déplier sa serviette, laquelle ne s'attache ni au col ni à la boutonnière, mais s'étale sur les genoux.

A table, un jeune homme bien élevé évite de faire du bruit avec sa chaise, son couvert, de manger avec avidité, de trop remplir sa cuiller et de soulever son assiette pour recueillir les dernières gouttes de bouillon.

Si le potage est trop chaud, il ne souffle pas dessus, il l'agite doucement pour le refroidir et prend sur les bords. Il laisse la cuiller dans l'assiette pour qu'elle soit enlevée.

Placé près d'une dame ou d'un vieillard, il lui présente les hors-d'œuvre, les assaisonnements, lui sert à boire et lui rend tous les petits services dont il est capable.

Le *pain* se rompt à mesure qu'on le mange;

il ne se coupe pas. Les morceaux doivent être assez petits pour être introduits dans la bouche en une seule fois.

La *viande* est coupée par bouchée, morceau par morceau, en tenant la fourchette de la main gauche et le couteau de la main droite. Quand elle peut être divisée avec la fourchette seule, on ne se sert pas du couteau.

On ne prend jamais les os avec les doigts, soit pour en détacher la viande, soit, à plus forte raison, pour les porter à la bouche. Quand la chair est enlevée, on les place sur le bord supérieur de l'assiette, c'est-à-dire sur le bord opposé à celui qui est près de soi.

Il n'est pas permis d'écraser les légumes pour en faire une bouillie, ou de mettre du pain dans son assiette pour manger un mets trop liquide, ou pour recueillir un reste de sauce.

Les *radis* se prennent avec la main, et après avoir été pelés, se portent à la bouche aussi avec la main.

Le *beurre* s'étend avec le couteau sur chaque bouchée de pain ; on ne doit pas en faire des tartines, sauf pour le thé.

Le *poisson et les légumes* se mangent avec la fourchette seule, sans le secours du couteau, en s'aidant, si l'on veut, d'une bouchée de pain.

Les *œufs à la coque* se mangent avec la petite cuiller ; *à la crème*, avec la cuiller ordinaire ; *au beurre ou sous forme d'omelette*, avec la fourchette.

L'usage ne permet pas de vider l'œuf dans son assiette, mais on peut y tremper des mouillettes de pain.

Les *pommes de terre en robe de chambre* se prennent dans le plat, et se pèlent dans l'assiette, puis on étend du beurre sur chaque morceau qu'on porte à la bouche avec la main.

Le *homard*, les *écrevisses*, se mangent autant que possible avec la fourchette, sauf certaines parties.

L'*huître* ouverte se détache avec le couteau, puis on l'approche des lèvres et on la hume. On peut aussi se servir d'une fourchette particulière.

L'*asperge* ne se prend pas avec les doigts ; on en coupe la partie comestible, que l'on porte à la bouche avec la fourchette.

Une dame de la Cour, peu respectueuse du vrai mérite, osait dire de Franklin : « *Il mordait dans les asperges, au lieu d'en trancher la pointe avec son couteau et de la manger proprement avec la fourchette, vous voyez que c'était une manière de sauvage* ». Cette dame était plus que sévère.

Le *fond ou partie charnue des artichauts* se porte à la bouche avec la fourchette ; les écailles, avec la main.

La *salade* se mange seule ou avec le rôti, sans la découper dans son assiette ou la mêler à d'autres mets.

Les *gâteaux de riz*, les *laitages*, même

quand ils ont une certaine consistance, se prennent avec la cuiller.

Les *noyaux d'olive* sont déposés sur la fourchette avec la bouche ou délicatement dans la main, puis placés sur le bord de l'assiette.

Certains *fromages* s'étendent comme le beurre sur chaque bouchée de pain ; d'autres se mangent avec la cuiller ; d'autres, enfin, sont coupés par morceaux et poussés sur le pain, puis portés à la bouche.

Pour peler les fruits et les manger, on peut se servir de la fourchette ; mais il faut éviter de se singulariser et faire comme tout le monde pour ne pas avoir l'air de donner une leçon.

Les fruits et tous les desserts doivent rester dans l'assiette ; *le pain est le seul aliment* qu'on puisse déposer sur la nappe. Si l'on partage un fruit, ce qui n'est plus guère d'usage, il faut offrir le morceau qui a la queue.

Les *pommes*, les *poires* sont coupées par quartiers, qu'on pèle séparément avec le couteau à lame d'argent, s'il y en a un.

Les *compotes*, les *confitures*, se mangent avec la cuiller ; les *fruits cuits* avec la fourchette et le couteau.

Les *fraises*, les *framboises* se mangent avec la petite cuiller ; les *tartes* et les *gâteaux*, avec la fourchette et le couteau.

Les *pêches* se coupent, se pèlent et se mangent comme les poires et les pommes.

Les *petites pêches*, les *abricots*, les *prunes* ne se pèlent et ne se coupent pas ; on les ouvre et on les porte à la bouche avec les doigts.

On prend une *figue* de la main gauche, par la queue ; on la divise en quatre ; on sépare la chair de la peau, puis on hume séparément chaque quartier.

Il est de bon ton de ne pas accepter de tous les desserts et de se priver d'un fruit, surtout si l'on ignore la manière de le manger.

En principe, sauf de rares exceptions, la main ne doit toucher que le pain et les choses sèches.

La *grappe de raisin* se tient de la main gauche ; on prend les grains de la main droite et on les porte à la bouche. Les peaux de raisin se mettent sur le bord de l'assiette, mais il est préférable de les manger si on ne craint pas que cela fatigue.

Les *cerises* se prennent une à une, par la queue. Le noyau est reçu dans la cuiller ou dans la main droite et déposé dans un coin de l'assiette.

Les *noisettes*, les *amandes*, les *noix* s'ouvrent avec le casse-noisettes ou avec le couteau ; jamais avec les dents.

Les *châtaignes* sont épluchées avec le couteau et portées à la bouche avec la main.

Les *bonbons*, les *petits gâteaux secs*, les *dragées* se prennent avec les doigts, qu'ils ne peuvent pas plus souiller que le pain.

Pour tous les *menus usages*, il faut tenir compte de ce que font les autres. Il y a souvent plus de savoir-vivre à les transgresser qu'à se distinguer, en les observant rigoureusement.

Voici quelques défauts qu'il est bon de signaler, surtout aux enfants.

On doit éviter de gêner ses voisins, d'étendre et de remuer les jambes, d'appuyer les coudes sur la table, de trop se pencher sur son assiette, et tout ce qui peut causer de la répugnance, comme de laisser sur le verre les traces des lèvres, de se salir les doigts, de parler ou de boire la bouche pleine, de tousser et de se moucher sans prendre les précautions nécessaires.

La cuiller et la fourchette doivent être tenues d'une manière convenable et introduites dans la bouche par l'extrémité, *non par côté*.

On ne gesticule pas avec son couteau et on ne le porte jamais à la bouche; mais on le dépose sur la table, en ayant soin de faire appuyer la pointe sur un support, s'il y en a un, ou sur le bord de l'assiette. Pour l'essuyer, on le passe sur un petit morceau de pain qu'on laisse sur l'assiette; on fait de même pour la fourchette. Pendant tout le temps qu'on mange d'un mets, la fourchette doit *rester dans l'assiette;* après, elle est déposée sur la table et sur les ardillons.

La cuiller est généralement enlevée avec

l'assiette; car on ne mange pas plusieurs mets avec la même cuiller.

Il faut prendre les plus minutieuses précautions pour ne pas tacher la nappe avec la fourchette, le couteau, en servant à boire ou de quelque manière que ce soit.

M. C***, professeur de belles-lettres, parlait un jour au poète Delille d'un dîner où il s'était trouvé avec des gens de la Cour, des maréchaux de France et autres grands personnages.

« Je parie, lui dit Delille, que vous y avez fait cent incongruités.

— Comment donc? reprit vivement M. C***, fort inquiet. Il me semble que j'ai fait la même chose que tout le monde?

— Quelle présomption! Je gage que vous n'avez rien fait comme personne. Mais ne parlons que du dîner. D'abord, que fîtes-vous de votre serviette en vous mettant à table?

— De ma serviette? Je fis comme tout le monde : je la déployai, je l'étendis sur moi, et l'attachai par un coin à ma boutonnière.

— Eh bien, mon cher, vous êtes le seul qui ayez fait cela : on n'étale point sa serviette, on la laisse sur ses genoux. Et comment fîtes-vous pour manger la soupe?

— Comme tout le monde, je pense. Je pris ma cuiller d'une main et ma fourchette de l'autre?

— Votre fourchette! Personne ne prend de fourchette pour manger sa soupe. Mais poursuivons. Après votre soupe, que mangeâtes-vous?

— Un œuf frais.

— Et que fîtes-vous de la coquille?

— Comme tout le monde; je la laissai au laquais qui me servait.

— Sans la casser?

— Sans la casser.

— Eh bien, mon cher, on ne mange jamais un œuf sans briser la coquille. Et après votre œuf?

— Je demandai du bouilli.

— Du bouilli? Personne ne se sert de cette expression; on demande du bœuf, et *non du bouilli*. Et après cet aliment?

— Je priai l'abbé de Radonvilliers de m'envoyer d'une très belle volaille.

— Malheureux! de la volaille! On demande du poulet, du chapon, de la poularde; on ne parle de volaille qu'à la basse-cour... Mais vous ne dites rien de votre manière de demander à boire.

— J'ai, comme tout le monde, demandé du champagne, du bordeaux, aux personnes qui en avaient devant elles.

— Sachez donc qu'on demande du vin de Champagne, du vin de Bordeaux. Mais, dites-moi, de quelle manière mangeâtes-vous votre pain?

— Certainement à la manière de tout le monde : je le coupai proprement avec mon couteau.

— Eh ! on rompt son pain, on ne le coupe pas... Avançons. Le café, comment le prîtes-vous ?

— Oh ! pour le coup, comme tout le monde : il était brûlant, je le versai par petites parties de ma tasse dans ma soucoupe.

— Eh bien, vous fîtes comme ne fit sûrement personne : tout le monde boit son café dans sa tasse, et jamais dans sa soucoupe.

— Vous voyez donc, mon cher C***, que vous n'avez pas dit un mot, pas fait un mouvement qui ne fût contre l'usage. »

Le pauvre C*** était confondu. Pendant six semaines, il s'informait, à toutes les personnes qu'il rencontrait, de quelques-uns des usages sur lesquels Delille l'avait critiqué.

Cette anecdote, un peu surannée, contient des détails intéressants et fait voir qu'il est nécessaire d'examiner et d'imiter les convives qui connaissent les usages observés dans la bonne compagnie.

Le Service.

Il y a trois manières de faire les honneurs d'un repas.

1° *Le maître de la maison sert séparément chaque convive, en commençant par les plus qualifiés.*

On prend de la main droite l'assiette qui est présentée, on passe la sienne de la main gauche, ou bien c'est un domestique qui reçoit l'assiette des mains du maître et la porte à chaque convive. Il serait inconvenant de faire passer à un autre le morceau qui est offert.

Dans un dîner un peu nombreux, le maître sert quelques-uns des principaux invités, puis il fait circuler les plats ou les fait présenter par un domestique.

2° *On fait circuler les plats.*

Le maître, après avoir découpé, fait passer les plats de main en main.

Dans ce cas, on se sert promptement, avec modération, sans choisir, et en ayant soin de soulever le morceau qu'on veut prendre et de ne pas le faire glisser sur les bords du plat dans son assiette. Les jeunes gens ne prennent pas les morceaux de choix (1).

(1 Quand on sert les autres, il faut leur donner les meilleurs morceaux.

La poitrine de la poule bouillie passe pour le meilleur endroit; les cuisses valent mieux que les ailes.

Dans une pièce de bœuf, ce qui est entrelardé de gras et de maigre est préférable.

Dans tous les oiseaux qui grattent la terre, les ailes sont plus délicates; mais les cuisses valent mieux dans les oiseaux qui volent en l'air.

Dans les oies et les canards, le morceau de choix est le dessus de la poitrine, qui se coupe en long.

Dans un cochon de lait, ce qui est le plus estimé, c'est la peau et les oreilles.

Dans les lièvres et les lapins, ce qui est le plus recherché est le râble, les cuisses et les épaules.

Dans une longe de veau, le meilleur est le plus charnu; mais le rognon est ce qu'il y a de plus excellent.

Ce qu'on estime le plus dans les poissons ordinaires est la tête et ce qui en approche le plus; pour ce qui est des poissons qui n'ont qu'une seule arête comme la sole, le milieu est sans contredit le meilleur.

(Saint Jean-Baptiste de la Salle.)

Pour éviter toute distraction, on ne parle pas en se servant, et on veille à ce que la cuiller et la fourchette ne glissent pas dans la sauce.

3° *Les plats sont présentés à chaque convive par un domestique*, qui sert d'abord les dames, puis les messieurs. Quand on est plus de dix, il convient d'organiser un service double.

Cette manière de faire les honneurs du repas convient aux grands dîners et simplifie beaucoup la tâche du maître.

Les domestiques, après avoir déposé les plats sur la table pendant quelques minutes, les enlèvent, les découpent et les présentent aux convives.

Pendant toute la durée d'un repas, on ne commence à manger d'un mets qu'après que tout le monde est servi; cependant il ne faut pas se singulariser.

Il est permis de ne pas accepter de tout ce qui est offert, mais il ne faut pas non plus se réserver pour les primeurs, les plats recherchés ou rares, qu'on ne doit accepter qu'avec discrétion.

On ne se sert pas soi-même, sauf pour le vin, l'eau, les assaisonnements, les hors-d'œuvre.

Pour verser à boire, il faut saisir le corps de la bouteille assez haut pour que l'index puisse s'allonger sur le col et aller doucement pour éviter tout accident.

On demande à voix basse, au domestique, tout ce dont on a besoin; les refus se font par geste.

Les asperges, les artichauts, les fraises, etc., se prennent avec la cuiller qui se trouve dans le plat, jamais avec la sienne ou avec les doigts.

La salade est soulevée avec la cuiller et la fourchette, mais on ne la fait pas glisser sur les bords du saladier.

Il ne faut pas abuser des mélanges ; bien peu sont agréables à voir.

Lorsque la maîtresse de maison offre un mets, on accepte ou on refuse, en évitant les monosyllabes *oui*, *non*, *merci*, mais en se servant de périphrases courtoises : *J'accepterai, si vous me permettez, un peu de ce poisson ;* si elle insiste, on doit accéder à son désir.

Il est de bon ton de faire, avec à-propos et délicatesse, l'éloge des vins, du service, de l'ordonnance de la table ; la critique, même la plus indirecte, n'est jamais permise.

On parle peu au début du repas, davantage à la fin, mais toujours d'un ton modéré et sans tourner le dos à un de ses voisins, ce qui serait un signe de mépris.

Il n'est pas convenable de laisser des restes et de quitter la table ayant son verre plein. Si, par inadvertance, on s'est servi trop copieusement d'un plat, on s'abstient du suivant.

Il ne faut se lever de table qu'après la maîtresse de maison, et déposer alors, sans la plier, sa serviette sur la table et non sur une chaise. On ne remet pas en place le siège qu'on occupait; on retourne au salon dans le même ordre et avec le même cérémonial qu'au commencement du repas.

De la Boisson et des Toasts.

Le jeune homme bien élevé est sobre; il boit de l'eau rougie ou de l'eau. Quant aux vins fins, il en accepte deux fois au plus; car le mélange des vins, même en petite quantité, provoque l'étourdissement, sinon l'ivresse; il ne boit pas á chaque instant, et il s'essuie les lèvres avant et après avoir bu.

Il prend le verre par le pied, sous la coupe, avec les doigts et non à pleine main. Il ne le vide pas d'un trait.

Les toasts ne sont plus guère d'usage, sauf dans quelques circonstances particulières, comme baptême, mariage, anniversaire. Ils doivent être simples, courts et peu nombreux; deux au plus. Les discours, *souvent trop longs*, sont réservés aux banquets politiques ou de corporation.

Le maître de la maison a seul le droit de porter une santé à moins qu'on ne soit réuni pour le fêter lui-même. Dans ce cas, c'est l'invité le plus qualifié qui prend la parole.

Pour porter un toast, on se lève, en tenant son verre dans lequel il doit y avoir un peu de vin, et on s'incline en prononçant, d'une manière claire et distincte, quelques paroles courtes, mais bien senties : *Je bois à la santé*, ou : *Je lève mon verre à la santé de M...*

Les autres convives prennent leur verre, se soulèvent de leur siège en répétant le nom proposé : *A Monsieur ou à Madame X...* Les hommes vident leur verre.

La personne à qui a été adressé le toast remercie par un geste gracieux ou par quelques bonnes paroles.

On peut proposer la santé d'une personne dont l'absence est regrettée de tous.

Le Café.

Le café peut se prendre à la salle à manger; le plus souvent, il est servi au salon, où les hommes sont debout et les femmes assises. Le sucre se prend avec la pince et non avec les doigts. Si le café est trop chaud, on le laisse refroidir; mais on ne souffle pas dessus et on ne le verse pas dans la soucoupe.

Il est convenable de débarrasser un supérieur, une dame, un vieillard de la tasse vide qu'ils tiennent à la main.

Beaucoup de personnes refusent d'accepter des liqueurs (1), on ne doit pas insister pour leur en offrir.

A moins de circonstances tout à fait exceptionnelles, on ne sort pas immédiatement

---

(1) Voir la note à la fin du volume.

après le café, on reste chez son amphitryon au moins une heure. Les hommes peuvent aller quelques instants au fumoir, où le maître de la maison présente des cigares.

Après une invitation à dîner, il est convenable de faire une visite dans la huitaine, lors même qu'on n'a pas accepté cette invitation.

Étiquette du Dîner.

La question que nous allons traiter regarde peu les jeunes gens et, à plus forte raison, les enfants; néanmoins nous croyons qu'il ne sera pas inutile d'en dire quelques mots.

Quand on offre à dîner, il faut recevoir *suivant sa situation de fortune*, avec beaucoup d'aisance, de distinction et surtout d'amabilité.

Le choix des convives doit être fait avec discernement et délicatesse.

Les invitations se font de vive voix ou par écrit, ni trop tôt ni trop tard; au plus huit jours à l'avance et au moins quatre jours.

De vive voix, elles sont plus cordiales; par écrit, plus solennelles.

Monsieur N... a l'honneur d'offrir à M... l'expression de son respect et le prie de vouloir bien venir dîner chez lui tel jour, à telle heure.

Dans le cas où l'on recevrait un personnage éminent ou un ami intime de la per sonne invitée, on pourrait ajouter *avec monsieur un tel.*

Dans les circonstances moins solennelles, on écrit dans la forme ordinaire :

Voudriez-vous me faire l'honneur (le plaisir, l'amitié), de venir dîner chez moi, tel jour, à telle heure?

L'invité répond immédiatement s'il accepte ou refuse; son silence est considéré comme une acceptation.

Le placement des convives demande beaucoup de tact, il se fait d'après l'âge ou la distinction des hôtes.

Les places d'honneur sont à droite et à gauche du maître et de la maîtresse de maison placés en face l'un de l'autre, au milieu de la table.

Les parents viennent après, les étrangers et les jeunes gens se mettent au *bas bout* de la table, de préférence aux personnes âgées.

Dans un dîner où il n'y a que des hommes, le maître de la maison place vis-à-vis de lui, au milieu de la table, le personnage le plus honorable.

L'ordre des places est alors le suivant : 1re et 2e, à la droite et à la gauche du maître ; 3e et 4e, à la droite et à la gauche du vis-à-vis; 5e et 6e, à la droite et à la gauche du maître, mais au second rang, etc.

Le maître de la maison ne cède sa place que dans le cas où il a, pour convive, son supérieur hiérarchique.

Quand les invités sont égaux, on fait en sorte qu'ils aient des voisins qui leur plaisent; on ne réserve que les quatre places d'honneur.

Pour le menu, on se conforme aux usages du pays; il est plutôt varié qu'abondant.

Dans un dîner un peu cérémonieux, le poisson est presque de rigueur. Les légumes doivent être bien choisis, les entremets confectionnés avec soin, les fruits parfaitement mûrs et les desserts abondants.

Ordre des Plats.

1er Service. — *Potage; un relevé :* poisson, filet de bœuf; *une entrée* ou viande autre que le bouilli et le rôti : tête de veau, côtelettes, ragoût, fricassées...

2e Service. — *Légumes :* épinards, haricots, petits pois...; *un rôti :* poulet, canard, gigot; *une salade; un entremets :* plats sucrés, crèmes, gelées.

3e Service. — Tourte, fromage, fruits crus, confitures, petits fours, bonbons.

Menu d'un Dîner.

Potage
Civet de Lapin
Brochet
Petits Pois
Volailles Rôties
Salade
Pièce Montée
Desserts
Vins, Café, Liqueurs

Deux espèces de vin, et par conséquent deux verres : le vin ordinaire, et le vin de dessert, qui se donne après le rôti. Dans les circonstances extraordinaires, on peut servir, à la fin du repas, du vin mousseux ou liquoreux et même tous les deux.

Les hors-d'œuvre : anchois, thon mariné, beurre, radis, etc., ne figurent guère au dîner, mais au déjeuner ; ils restent sur la table pendant les deux premiers services.

Les desserts placés dès le commencement du repas forment, avec les fleurs, l'ornement de la table, laquelle doit être assez large pour y déposer commodément le service, et assez longue pour que les invités ne soient pas gênés, au moins 70 centimètres par personne.

Il faut éviter l'inconvénient du fameux dîner de Boileau :

> Où chacun, malgré soi, l'un sur l'autre porté,
> Faisait un tour à gauche et mangeait de côté.

Le service doit surtout se faire remarquer par la blancheur du linge, la propreté exquise des verres et de tout ce qui sert aux convives.

On place la fourchette à gauche de l'assiette, la cuiller et le couteau à droite, et sur la serviette, qui contient le petit pain, la carte portant le nom de l'invité.

Les bouteilles, les carafes doivent être disposées d'une manière symétrique et de telle façon que les convives puissent les prendre commodément.

Il est très convenable de servir le vin et l'eau dans des carafes fermées d'un bouchon de verre.

On change généralement de couvert après le poisson et les entremets sucrés, et dans certaines maisons, après chaque plat.

Quand le second service est terminé, le domestique enlève les hors-d'œuvre, les salières, les huilières, les pots de moutarde, et ne laisse sur la table que le dessert.

Il donne ensuite une assiette à chaque convive et présente le fromage, qui ne doit, pas plus que les vins vieux, paraître sur la table.

On découpe d'ordinaire à la cuisine ; cependant, quelquefois le maître de la maison découpe ou fait découper par un convive habile.

Les couverts à découper les jambons, les gigots, se placent devant le maître de la maison ; les cuillers à ragoût, devant la maîtresse.

Les domestiques doivent être très attentifs pour voir s'il ne manque rien aux convives. Quand ils servent ou qu'ils changent les assiettes, ils commencent par la personne la plus qualifiée, et ils ont soin de mettre en réserve des couteaux, des verres, des fourchettes..., pour en donner à ceux qui pourraient en avoir besoin.

Ils se placent à droite pour servir et ils prennent les plus minutieuses précautions pour éviter les accidents.

Chaque plat est présenté deux fois. En desservant, ils ne se permettent pas de mettre les plats les uns sur les autres, et ils commencent par enlever ceux qui sont devant la personne la plus qualifiée.

Déjeuner. — Le déjeuner ressemble au dîner, avec cette différence que les hors-d'œuvre remplacent le potage et qu'on ne sert pas de ragoût..

Menu.

HORS-D'ŒUVRE
JAMBON
FILET DE BŒUF
BROCHET
HARICOTS VERTS
PIGEONS ROTIS
ASPERGES
DESSERTS
VINS, CAFÉ

Dissection des Viandes.

Les jeunes gens doivent s'habituer à découper ; s'ils deviennent habiles, ils pourront rendre bien des services.

Le *jambon* se coupe par travers, en tranches minces entremêlées de gras et de maigre.

Le *bœuf bouilli* se coupe en *travers* des fibres musculaires, en tranches ni trop minces, ni trop épaisses. Les morceaux entrelardés ou qui ont un peu de gras sont les plus présentables. En découpant les viandes chaudes, il faut tâcher d'obtenir des morceaux carrés, assez épais et restant appliqués les uns contre les autres afin qu'ils ne se refroidissent pas. On doit donc éviter de faire des tranches fines et de les étaler sur le plat. Les viandes froides se découpent au contraire en tranches minces perpendiculairement au fil, mais jamais selon le fil.

Les *filets de bœuf*, la *longe de veau* se coupent en tranches transversales et obliques.

La *tête de veau* se sert bien chaude. Les meilleurs morceaux sont les yeux, qu'on enlève avec la cuiller, puis les bajoues, les tempes, les oreilles et enfin la langue. — On joint à chaque portion un peu de cervelle.

Le *gigot* se coupe en tranches minces parallèlement à l'os, sur le côté extérieur de la cuisse. On le prend par le manche et de la main gauche.

Cochon de lait. — On tranche immédiatement la tête. On lève ensuite la peau en morceaux carrés, de manière à ce qu'il reste un peu de chair dessous. On détache les oreilles, on coupe la tête en deux, puis l'épaule gauche, la cuisse gauche, l'épaule droite et la cuisse droite. On sert bien chaud.

Chevreau. — On sépare les cuisses, les gigots et les côtelettes. Les tranches de gigot sont les morceaux de choix.

Dinde rôtie. — On lève les deux ailes, les deux cuisses, le sot-l'y-laisse et les blancs, puis l'on brise la carcasse et le croupion. — Les ailes et les blancs sont les morceaux les plus estimés.

On peut encore ne couper aucun des membres, mais lever les blancs en filet dans le sens de la largeur.

Oie. — On lève les filets longitudinalement de manière à en avoir quatre de chaque côté.

Volaille. — Pour découper une volaille, on saisit de la main gauche, avec la fourchette, l'aile la plus rapprochée ; on coupe la jointure, puis, tenant ferme, on tire et l'aile vient facilement. A l'aile doit rester une partie du blanc : c'est le morceau le plus estimé. On agit de la même façon pour la cuisse. Après avoir enlevé les ailes et les cuisses, on prend, avec la cuiller, le contenu ou la farce, qu'on dispose convenablement à côté de chaque morceau. On tranche ensuite la tête et le cou, puis on divise en deux l'estomac, la carcasse et le croupion.

Les *gros pigeons* se découpent de la même façon ; plus petits, ils sont coupés en quatre ; selon la longueur d'abord, puis selon la largeur ou seulement en deux suivant la longueur.

Dans le *canard*, on prend le plus possible des tranches de poitrine, puis on coupe les ailes et les cuisses comme pour la volaille.

Carpe. — On coupe d'abord la tête, c'est le morceau le plus délicat. — On lève ensuite la peau et les écailles, qu'on met de côté. En partant des ouïes, on suit la ligne médiane du corps, ligne qui est marquée plus ou moins distinctement sur tous les poissons longs. On divise ensuite en morceaux.

Brochet. — On sépare la tête du tronc, c'est le meilleur morceau. On tire ensuite une ligne profonde de la tête à la queue, on sort l'arête et on divise les morceaux, de manière à ce que chacun d'eux comprenne une partie du dos et une partie du ventre. Les portions du milieu du corps sont les plus présentables.

Le *saumon* se sert et se découpe comme le brochet, mais la tête ne s'offre pas.

Le siège du découpeur doit être un peu élevé, afin qu'il ait plus de force. Il convient aussi que les plats soient de dimensions suffisantes. Les couteaux, longs et effilés pour les jambons, courts et minces pour la volaille, doivent être bien aiguisés.

Une pièce découpée avec art offre un aspect agréable et fait plus de profit.

DES REPAS EN FAMILLE

C'est en s'habituant à manger convenablement en famille, qu'on parvient à connaître, à pratiquer cette foule de *menus détails*, que l'usage a introduits dans les repas.

Ces détails varient avec le temps et les lieux; mais ce qui est invariable, ce qui est de tous les temps, de tous les lieux, c'est qu'il faut manger avec élégance et propreté, et ne pas être, pour les autres, un sujet de gêne ou de dégoût. A table, peut-être plus que partout ailleurs, *il faut savoir s'oublier pour faire plaisir aux autres.*

Dans la plupart des familles, on fait trois repas par jour : *le déjeuner*, vers sept heures, *le dîner* à midi, *le souper* vers huit heures.

Déjeuner. — Le déjeuner, composé habituellement de *café au lait* et de beurre, de *chocolat* ou de *potage*, se prend souvent en particulier.

Le pain se brise dans le café, sans se servir du couteau; si l'on aime le beurre, on peut en faire des tartines minces, et prendre alternativement une bouchée de pain beurré et une cuillerée de café. On ne boit pas dans le bol et on ne le tient pas à la main.

Le chocolat se mange comme le café au

lait, mais sans faire de tartines. Lorsqu'on passe du miel ou du beurre, il faut en prendre une quantité suffisante et la déposer dans son assiette. On fait ensuite une tartine soit d'un seul coup, soit plutôt à chaque morceau qu'on porte à la bouche.

En prenant le potage, on doit avaler sans bruit et en une seule fois le contenu de la cuiller.

Dîner. — Le second repas se fait à midi et se nomme *dîner* ou *second déjeuner*.

Il comprend généralement *un potage*, *un ou deux plats de viande*, un *plat de légumes* et un *entremets*.

Dans beaucoup de maisons, le potage se sert à souper.

Pour préserver davantage ses vêtements, on peut attacher sa serviette au col ou à la boutonnière. Il faut éviter de se placer trop près ou trop loin de la table, de mettre les mains sur les genoux, de se tenir courbé, et tout ce qui ressent la négligence et le laisser-aller.

Même en famille, on ne doit pas manifester son goût ou sa répugnance pour certains mets, flairer la première bouchée de viande, tâter les fruits pour connaître leur degré de maturité, mordre dans son pain, jeter les os ou les arêtes à terre, s'essuyer les doigts autrement qu'avec sa serviette.

Pour servir, la cuiller se prend à pleine

main ; pour manger, on la tient avec le pouce placé sur la feuille et les deux doigts voisins placés dessous.

Pour la passer à quelqu'un, on la saisit par le manche, avec le pouce et l'index, puis on en présente la feuille sans toucher la coupe.

On tient la fourchette en mettant le pouce contre la feuille et les trois doigts voisins dessus, la main étant à moitié fermée.

Le couteau se prend à pleine main, l'index sur le manche et le pouce sur le côté.

Il faut éviter de prendre des bouchées trop longues ou trop grosses, de trop surcharger sa cuiller ou sa fourchette et de faire du bruit en mâchant.

On ne prend pas à tort et à travers dans son assiette, mais ce qui est le plus rapproché de soi.

On ne doit jamais placer la cuiller de façon que la coupe soit sur l'assiette et la feuille sur la nappe. Il en est de même de la fourchette.

C'est manquer gravement aux convenances que de remplir son verre jusqu'au bord, de le vider d'un trait et de boire avec avidité.

On ne prend pas le sel avec le manche de la cuiller ou de la fourchette, mais avec la cuiller à sel, ou s'il n'y en a pas, avec la pointe du couteau bien essuyée.

Casser les noisettes, les amandes, les noyaux des fruits avec les dents est inconvenant et dangereux.

A table, un enfant bien élevé aime à rendre service et à faire plaisir. Il prend part à la conversation en se rappelant que, pour les jeunes gens, l'art de parler est souvent *l'art de savoir écouter.*

Souper. — Le souper se compose ordinairement *de potage* et de *deux ou trois plats.*

On doit y observer toutes les règles indiquées précédemment. Certains enfants capricieux et mal élevés croient se distinguer en faisant les difficiles, en ne mangeant pas de tout ce qui est servi. Il y a des plats auxquels ils ne touchent pas, d'autres qu'ils laissent aux trois quarts et qu'ils ne mangent que du bout des dents.

Leur sert-on du potage, ils enlèvent avec soin les légumes, dont ils font autour de l'assiette une couronne d'un aspect plus ou moins agréable.

Les meilleurs cuisiniers ne sauraient les satisfaire. Il leur faudrait des langues de rossignol, comme à Lucullus ; ou des cervelles d'autruche, comme à Héliogabale.

On en a vu refuser viandes et légumes et n'accepter que des confitures ou du chocolat.

Que ces enfants sont à plaindre !...

Rien ne sent autant la mauvaise éducation et le manque de savoir-vivre, que de se montrer difficile pour la nourriture.

Les anciens Spartiates, après un bain dans l'Eurotas ou après un exercice violent, trouvaient très appétissant leur grossier brouet noir.

« *Un bon moyen pour trouver tous les mets excellents*, dit saint Jean-Baptiste de la Salle, *c'est de rester quelque temps sans manger. Les aliments qu'on croit ne pas aimer paraissent alors délicieux.* »

SALUT, POIGNÉE DE MAIN, ACCOLADE

Salut. — L'art du salut tenait autrefois une place importante dans l'éducation, on en étudiait avec soin les moindres détails. Les leçons du vieux Vestris au prince de Lamark sont restées célèbres.

De nos jours, il n'en est malheureusement plus ainsi ; et cette marque de respect ou de cordialité perd de plus en plus sa signification. La manière de saluer varie suivant les lieux et les temps.

Les Turcs s'inclinent en portant la main au cœur, aux lèvres et au front, ce qui veut dire : « *Je vous suis dévoué de cœur, de bouche et de pensée.* »

En France, il y a quelques années, on saluait profondément à angle droit ; plus tard on inclinait seulement la tête en tenant le corps raide ; de nos jours, on incline la tête et le corps, non pas automatiquement, mais avec toute l'élégance dont on est capable.

La façon d'ôter son chapeau constitue presque toute la grâce du salut. On doit l'élever légèrement au-dessus de la tête et l'abaisser jusqu'à mi-corps, même plus bas si l'on salue un supérieur, et avoir soin d'en ramener l'ouverture en dedans.

Pour faire un grand salut, en entrant dans un salon, par exemple, on tient son chapeau le long de la jambe droite, et on incline la tête ou le buste suivant la qualité des personnes.

C'est manquer à la fois de déférence et de grâce, que de porter simplement la main à la tête comme le font les militaires.

« *Saluer de la main gauche serait presque impoli et sûrement disgracieux* » (Baronne de Staffe). Quelques professeurs de tenue affirment le contraire...

En saluant, on ne garde pas son cigare à la bouche, on le retire d'une main et on salue de l'autre ; il ne faut pas non plus que la main soit armée d'une canne ou d'un parapluie ; ce serait dangereux et presque menaçant.

On salue toutes les personnes que l'on connaît et partout où on les rencontre, sauf le cas où, à cause de l'heure matinale et du négligé de leur toilette, elles désirent ne pas être reconnues.

Un jeune homme bien élevé ne salue pas un vieillard comme un camarade, un supérieur comme un collègue, un ami comme un inconnu ; il sait rester à sa place et conserver les nuances. Son salut, respectueux envers les supérieurs, amical avec les égaux, affable avec les inférieurs, est grave et presque froid dans certaines circonstances.

Quand il rencontre une personne à laquelle il doit de la considération, il se découvre deux ou trois pas avant de la croiser. Si cette personne fait mine de s'arrêter, il s'avance vers elle en tenant son chapeau à la main, un peu en avant et de côté. Il reste la tête nue jusqu'à ce qu'on lui dise : « *Couvrez-vous donc, monsieur, je vous en prie.* »

De supérieur à inférieur, d'égal à égal, il est permis de s'inviter à se couvrir, *mais jamais d'inférieur à supérieur.*

Entre égaux, ce serait faire preuve d'une grande étroitesse d'esprit que d'établir un calcul pour savoir qui saluera le premier. La bonne éducation suppose l'empressement dans la politesse et défend trop de rigueur dans l'étiquette.

Après avoir salué un ami, on remet immédiatement son chapeau, même quand on s'arrête pour causer avec lui. Dans ce cas, on échange quelques paroles aimables, mais insignifiantes : la rue n'est pas un salon. C'est à la personne la plus âgée à engager et à rompre l'entretien.

Quand on accompagne un supérieur, on ne salue jamais le premier pour ne pas l'obliger à saluer des inconnus.

Si la personne avec laquelle on se trouve en salue d'autres, il faut imiter son exemple ;

et, lorsqu'elle s'arrête pour échanger quelques paroles, se tenir à l'écart et découvert.

A la campagne ou dans un lieu isolé, les gens comme il faut se saluent, même quand ils ne se connaissent pas. Il vaut mieux être prodigue de saluts que d'en être avare.

Un jeune homme bien élevé qui rencontre une femme, un prêtre, un vieillard, dans un escalier ou dans un passage étroit, se découvre, se range au besoin et laisse passer.

C'est un devoir de s'agenouiller devant le Saint Sacrement, de se découvrir quand on rencontre une procession, un convoi funèbre, et de saluer, par respect pour leur caractère, les prêtres et les religieux.

Ne pas rendre un salut ou saluer d'un air de protection, c'est de la fierté « *qui tient lieu d'esprit à ceux qui n'en ont pas.* » L'homme bien élevé est d'autant plus délicat qu'il occupe un plus haut rang dans la société.

Un gouverneur de la Virginie causait avec un négociant dans la rue. — Un nègre qui vint à passer le salua, il lui rendit aussitôt son salut. — « *Comment, Excellence, vous saluez un esclave?* » — « *Voudriez-vous donc*, répondit le gouverneur, *qu'un esclave se montrât plus poli que moi?* »

Poignée de main. — La poignée de main doit être franche, sans mouvement saccadé. C'est une marque d'intérêt impliquant plus de déférence que d'affection.

Un inférieur ne tend jamais la main à un supérieur, un jeune homme à un vieillard, un homme à une femme.

En serrant la main à un supérieur, il faut s'incliner en signe de respect et ne pas la secouer comme on le ferait à un camarade.

On ne présente pas la main à une personne rencontrée pour la première fois, à moins qu'elle ne soit *l'amie d'un de nos amis*.

Il est des gens qui touchent la main sans la presser ; d'autres, qui ne sont pas plus polis, ne tendent qu'un ou deux doigts. Ces façons froides et réservées indiquent, dit-on, des natures orgueilleuses ou égoïstes.

C'est manquer d'éducation et témoigner un peu de suffisance que de retenir trop longtemps une main dans la sienne.

De l'Accolade. — Avant et après une absence prolongée et dans quelques circonstances particulières, les parents, les intimes s'embrassent au lieu de se serrer la main.

Ce témoignage d'affection ne se donne jamais en public, à moins que ce soit au départ ou à l'arrivée d'un voyage.

Quand on embrasse, il faut le faire franchement et *adroitement ;* ne pas présenter l'oreille ou le derrière de la tête.

En même temps qu'on se salue, qu'on se serre la main ou qu'on s'embrasse, on s'adresse quelques paroles polies.

A un supérieur élevé en dignité, à un évêque, par exemple, on dira :

Monseigneur, j'ai l'honneur de vous présenter mon respect, mes hommages.

A un supérieur avec lequel on est plus familier :

Monsieur, je vous offre mon respect.

A un égal :

Monsieur, je vous souhaite le bonjour ;

Monsieur, je vous salue bien, et non pas : *Salut, salue bien* et autres expressions plus ou moins cavalières.

On ne dit pas : *Bonjour, monsieur et madame ; bonjour, monsieur et la compagnie ; bonjour, messieurs et dames*, mais bien : *Monsieur ou madame, j'ai l'honneur de vous saluer ; mesdames, je vous présente mes hommages ou mes respectueux hommages.*

On demande ensuite des nouvelles de la santé à un égal, à un inférieur, *jamais à un supérieur :*

Comment vous portez-vous ? Votre santé est-elle bonne ? et non pas : *Comment que ça vous va ? Ça va-t-il bien ? Comment que ça va ?*

On répond sans donner un bulletin détaillé de sa santé : *Très bien, je vous remercie... Et vous-même ?*

On peut ajouter : *J'espère que vous n'avez pas de malades chez vous*, ou : *Votre famille est elle en bonne santé ?* ou encore : *Comment se porte-t-on à N... ?*

Si un supérieur avait été réellement fatigué, on pourrait lui demander si sa santé est rétablie, mais sans formule spéciale.

DANS LES RUES

Le public a droit à notre respect. En sa présence, il faut être toujours digne et ne jamais rien se permettre qui choque les usages reçus.

On ne sort pas dans un costume négligé et sans s'être assuré que le chapeau, la cravate et les souliers sont propres et en bon état.

En marchant, il faut prendre les précautions nécessaires pour ne pas coudoyer les passants, faire jaillir la boue, heurter les parapluies, déranger les étalages, etc...

Lorsque par inadvertance ou maladresse on a causé quelque accident, on présente immédiatement ses excuses.

Si la circulation est gênée, quelque pressé que l'on soit, on attend son tour pour passer, et même on cède le pas à un vieillard, à un ecclésiastique.

Quand on accompagne une personne à laquelle on doit du respect, on lui laisse le côté des maisons ; au besoin, on descend du trottoir.

S'il n'y a qu'un passage étroit, on lui offre de marcher la première, à moins que ce passage soit dangereux.

On laisse le haut du pavé à une femme, à un vieillard que l'on rencontre sur un trottoir.

De l'intérieur d'une maison, on ne parle pas et on ne fait pas de signes à une connaissance qui est dans la rue.

Un jeune homme qui, en public, rit avec éclat, fait de grands gestes, bat la mesure avec sa canne, fredonne des airs, tient conversation à distance, prouve qu'il a aussi peu d'éducation que de retenue.

Pour demander un renseignement, il faut se découvrir et remercier, même quand on s'adresse à une personne de condition modeste.

Jamais un jeune homme comme il faut ne se mêle à la foule pour voir un saltimbanque, un marchand ambulant, l'étalage d'un magasin, comme le font les badauds.

Un magistrat, d'une distinction et d'une propreté irréprochables, profita de quelques jours de vacances pour aller visiter Paris. Sur le Pont-Neuf, il fut attiré par deux grosses et magnifiques couleuvres apprivoisées qui se promenaient sur la table d'un dégraisseur en plein vent.

Pour mieux considérer les reptiles, il approche du marchand. Celui-ci le saisissant immédiatement se mit à frotter son merveilleux savon sur le collet de l'habit du magistrat en disant : « *Regardez bien, messieurs et dames, voici monsieur qui, à cause de cette tache de graisse, est sale comme une huppe.*

Vous allez la voir disparaître, et monsieur sera propre comme un sou. »

Le dégraisseur passe et repasse une brosse mouillée sur l'habit du grave magistrat qui, tout décontenancé, n'ose pas se fâcher dans la crainte d'aggraver le ridicule de sa situation. Enfin il peut s'échapper. Il quitta Paris le jour même.

DANS LES MAGASINS

Dans un magasin, on entre sans frapper, on salue et on reste découvert, un homme bien élevé ne devant avoir la tête couverte qu'en plein air. On fait exception pour les bazars, les grandes galeries, qui sont considérés comme des lieux publics.

Si le commerçant est absent, on frappe discrètement quelques coups à la porte intérieure.

On demande sans préambule ce que l'on désire : « *Monsieur, j'aurais besoin de telle chose.* »

En faisant ses achats, il faut être poli. Ce n'est pas parce qu'on paye qu'on a le droit d'être malhonnête et de manquer d'égards. Les médecins, les notaires, les avocats reçoivent aussi des honoraires ; oserait-on, à cause de cela, les traiter avec insolence et brusquerie ? Que deviendraient les relations sociales, si on pouvait se montrer impoli toutes les fois qu'on donne un peu d'argent ?...

C'est peu convenable et presque cruel de faire déplier, dépaqueter une grande quantité de marchandises et de se retirer sans rien prendre.

Si, après avoir occasionné un certain dérangement, on n'a rien trouvé à son goût, il est convenable de faire un petit achat et de s'excuser en disant : « *Je regrette de vous avoir tant dérangé pour si peu, j'espère être plus heureux une autre fois.* »

Lorsqu'on fait son choix, il faut éviter de défraichir les marchandises, de les froisser, de les chiffonner, de les jeter pêle-mêle sur le comptoir.

Critiquer, dénigrer un objet qu'on veut acheter, dans l'espérance qu'on l'obtiendra à meilleur compte, est un procédé blâmable.

Dans les magasins à prix fixe, il est inutile et presque inconvenant de marchander.

Chez les bijoutiers et partout où il y a des objets de valeur, il ne faut pas déplacer ces objets, ni s'approcher trop près de l'étalage, surtout si le commis s'éloigne. Lorsque l'emplette est terminée, on se retire après avoir remercié et salué.

Il est d'usage de donner une étrenne aux employés des fournisseurs qui apportent un paquet ; c'est un moyen sûr d'être servi convenablement et avec promptitude.

Quand on paye comptant, on a le droit d'être exigeant et d'obtenir les meilleures et les plus avantageuses conditions.

CHEZ LES HOMMES D'AFFAIRES

Les hommes d'affaires : notaires, magistrats et autres fonctionnaires reçoivent dans leur cabinet.

On s'y tient découvert, même en l'absence du maitre.

A son arrivée, on le salue et, sans préambule, on lui explique d'une manière claire et précise l'affaire dont il s'agit.

La visite terminée, on se lève, on remercie et on se retire, sans remettre en place le siège qu'on occupait.

Le paiement exige beaucoup de délicatesse. Si l'affaire a été un peu longue, on écrit pour remercier et pour demander la note.

Dans le cas d'une seule consultation et lorsqu'on est sur le point de se retirer, on dit : *Seriez-vous assez bon, Monsieur, de m'indiquer ce que je vous dois ?* ou une phrase analogue.

On dépose alors, sans contestation, la somme demandée, sur la table ou sur le bureau.

Les marchandages sont du plus mauvais goût. Les exigences de certains médecins et de quelques avocats sont connues ; si elles dépassent les moyens dont on dispose, on ne les consulte pas.

Avec les employés de bureau. — Quand

on est obligé de se rendre dans le bureau d'une administration quelconque, on entre sans frapper, on se découvre et on s'approche de l'employé auquel on désire parler.

On lui expose sans préambule l'objet de sa visite; et si l'affaire demande un certain temps, on peut s'asseoir, même sans y être invité.

Quand tout est terminé, on dépose sur le bureau la somme voulue, et, après avoir remercié et salué, on se retire.

Une personne qui a du savoir-vivre fait un cadeau à un médecin, à un fonctionnaire, à un employé qui n'a pas accepté les honoraires auxquels il avait droit.

DES VISITES

Les visites doivent se faire dans une toilette soignée, en rapport avec le but qu'on se propose. Visiter les pauvres avec des habits somptueux ou un ami en deuil avec un costume de fête est tout à fait inconvenant.

Le moment le plus convenable pour faire des visites est entre le déjeuner et le dîner; c'est-à-dire entre une heure et cinq heures du soir, *jamais le matin*. Quand une personne a un jour de réception, c'est ce jour-là qu'on choisit.

Arrivé à la porte de la maison, on secoue sur le paillasson la poussière de sa chaussure et on sonne discrètement. Si après avoir sonné deux fois, personne ne vient, on se retire en ayant soin de déposer, chez le concierge, sa carte pliée au coin et à droite.

Il peut se faire qu'arrivé dans l'antichambre, on ne trouve point d'introducteur; dans ce cas, on frappe quelques coups discrets à la porte du salon, et, si personne ne dit d'entrer, on disparaît sans bruit en laissant sa carte dans un endroit un peu apparent.

Si le domestique vient ouvrir, on le salue, et remettant immédiatement son chapeau, on lui dit : *Monsieur un tel est-il visible ?*

Lorsque la réponse est négative, on n'insiste pas, on se retire après avoir donné sa carte. Lorsqu'elle est affirmative, on entre après s'être découvert; et, si la visite est un peu cérémonieuse, on dépose son pardessus et sa canne dans le vestibule et l'on ne garde que son chapeau.

Dans les visites ordinaires, on peut conserver son chapeau, sa canne et son pardessus.

Dans un salon, il n'est pas permis d'ouvrir les livres, les albums, comme on le ferait dans la salle d'attente d'un avocat ou d'un médecin.

Introduit dans une chambre où il n'y a personne, il ne faut ni se promener, ni s'approcher d'une table sur laquelle il y aurait des papiers écrits : lettres, cahiers, registres.

D'un homme, on accepte sans cérémonie, l'offre de passer le premier à la porte du salon ; jamais d'une dame, même quand elle est chez elle.

Lorsqu'on est introduit dans un salon, il faut saluer avec aisance et naturel. Arrivé devant la maîtresse de maison, on se tient bien droit, puis on incline *au moins* la tête, sans précipitation ni lenteur. Ensuite, s'il y a lieu, on retire un peu le pied gauche pour saluer le groupe qui est à droite ; puis, se tournant vers le groupe de gauche, on fait de même. Tout cela demande une certaine habileté, autrement on paraît gauche et embarrassé.

On doit éviter de tenir son chapeau, comme quelqu'un qui demande l'aumône et de présenter ses respects à haute voix, en ouvrant la porte du salon.

Lorsqu'un enfant accompagne ses parents en visite, il entre le dernier, sort le premier et ne donne jamais le signal du départ.

Le visiteur accepte, sans cérémonie, la place et le siège qui lui sont offerts. Il n'attend pas qu'on lui approche un fauteuil, il le prend lui-même, mais il s'arrange pour ne s'asseoir qu'après les maîtres de la maison. Si ceux-ci restent debout, cela signifie que la visite doit être courte.

Un homme ne s'assied pas sur une causeuse ou sur un canapé, en face d'une maîtresse de maison, sans y être particulièrement invité.

Les enfants et les jeunes gens doivent prendre

les places les moins honorables, les sièges les moins commodes. Autrefois, un enfant ne se serait pas installé dans un fauteuil à la place d'honneur, sans risquer d'entendre une apostrophe comme celle-ci : « *Oh ! Oh ! les armes de Bourges !* » qui sont, ce que tout le monde ne sait peut-être pas : « *Un âne à tête d'argent, dans un fauteuil.* »

Dans une salle, la place la plus honorable est du côté de la croisée ; et la moindre, du côté de la porte (1).

Pendant toute la durée d'une visite, il faut avoir une tenue digne, réservée et mettre en pratique les règles données précédemment sur le maintien. Entre l'allure très cavalière, et la timidité qui rend maladroit, il y a un juste milieu : l'assurance modeste, signe certain d'une bonne éducation.

La manière de tenir son chapeau dénote le degré d'habitude du monde. Il faut le garder à la main sur les genoux, le creux en bas, jusqu'à ce qu'on soit invité à le déposer. Dans ce cas, on ne le met jamais à terre, sur la cheminée ou sur un lit, mais sur une console ou sur un meuble.

---

(1) Lorsqu'on est près de la cheminée, le milieu est la première place, la droite est la seconde et la gauche la troisième.

Près du feu, il ne faut pas mettre les mains sur la braise, les passer à travers la flamme, tourner le dos au feu, étendre les jambes pour se chauffer les pieds... mais s'effacer le plus possible et ne gêner personne.

(Saint Jean-Baptiste de la Salle.)

Les jeunes gens doivent s'intéresser à la conversation, répondre d'une manière gracieuse aux questions qui leur sont posées, éviter de s'ériger en oracles et de donner leur opinion d'un ton autoritaire et cassant. C'est une grossière inconvenance de contredire une personne à laquelle on doit du respect ou de lui infliger un démenti.

Quand on n'a pas compris, il ne faut pas dire : « *Hein? Comment? Vous dites?* » mais : « *Pardon, monsieur, je n'ai pas entendu.* »

On ne désigne jamais quelqu'un par son nom de famille sans le faire précéder des mots *monsieur* ou *madame*.

Tous les hommes se tiennent debout à l'arrivée d'un nouveau visiteur ou lorsqu'une personne prend congé.

La durée d'une visite varie selon les circonstances. En général, elle ne doit pas dépasser dix à vingt minutes. Il serait cependant inconvenant de regarder sa montre pour savoir si ce temps est écoulé.

Le grand art du visiteur est de se retirer à propos. Pour toutes les visites, sauf celles d'amitié, les meilleures sont les plus courtes. Quelques-unes ne doivent durer qu'un instant, tout au plus cinq minutes : *souhaits de bonne année, compliments à la suite d'une promotion, visite à un malade*, etc...

Mieux vaut exciter les regrets que l'impatience.

« *L'homme habile*, dit La Bruyère, *sent s'il*

convient ou s'il ennuie ; il sait disparaître, le moment qui précède celui où il serait de trop. »

Même en visitant des amis, il faut éviter d'être importun, et se rappeler « *que les visites prolongées sont un des fléaux des gens occupés.* »

« *On incommode souvent les autres,* dit La Rochefoucauld, *quand on croit ne jamais pouvoir les incommoder.* »

Si le maître de la maison laisse tomber la conversation, s'il attise son feu sans nécessité, s'il fait l'impolitesse de regarder sa montre ou s'il laisse voir d'une manière quelconque qu'il s'ennuie, il faut brusquer son départ.

Quelque instance qu'on fasse, on doit se retirer si la personne visitée est à table ou si elle se dispose à sortir.

Après deux ou trois minutes, on se retire à l'arrivée d'un nouveau visiteur, à moins que ce soit un parent ou une personne de connaissance.

Si la maîtresse de maison reçoit une lettre et qu'elle ne la lise pas, il faut se hâter de lui rendre sa liberté.

La manière de prendre congé demande beaucoup de tact. On ne part pas au milieu d'un récit intéressant, lorsque la maîtresse de maison est occupée ; mais on saisit une occasion favorable pour placer quelques mots, et, sans attendre de réponse, on se lève pour sortir.

On ne remet pas en place le siège qu'on occupait et on suit le même cérémonial qu'à l'arrivée.

Lorsque c'est une dame qui reconduit, on ne lui permet pas d'aller plus loin que la porte du salon. Si le maître de la maison accompagne jusqu'au palier de l'escalier, on garde son chapeau à la main jusqu'au premier détour, et, se tournant à moitié, on lui fait un dernier salut.

Lorsqu'il y a un grand nombre de visiteurs, il est permis de disparaître sans bruit et sans rien dire.

Visites reçues.

Dès qu'une personne devient notre hôte, elle a droit à tous les égards ; la recevoir avec un air froid et glacial serait très impoli.

« *Quand vous recevez une visite, fût-ce celle d'un créancier, prenez un air très gracieux; allez le recevoir à la porte, priez-le de s'asseoir, approchez-lui vous-même un fauteuil, mettez-le à la place d'honneur, c'est-à-dire à un des coins de la cheminée, et faites qu'en se retirant, il soit content de vous et de lui* » (Boitard).

On doit se montrer très obligeant envers tous les visiteurs : leur ouvrir les portes, détourner ce qui pourrait gêner la liberté du passage, donner le bras à un vieillard qui aurait de la difficulté pour marcher, etc.

Lorsqu'on reçoit un grand personnage et

qu'on est averti de son arrivée, il faut aller l'attendre jusqu'à la porte extérieure, et durant toute la visite, lui témoigner beaucoup de déférence et un grand respect.

Dans les réceptions, les enfants et les jeunes gens font bien de venir en aide à leurs parents : d'approcher un siège, un tabouret, d'ouvrir une croisée, de fermer une porte, de débarrasser les visiteurs d'objets gênants, etc.

Il est inconvenant de faire attendre les visiteurs, même quand on est ou qu'on se croit un grand personnage.

Un jour, un homme de distinction vint rendre visite à un ministre qui le fit attendre une heure. « *Je vous avais complètement oublié,* » dit le ministre pour s'excuser. « *Dites plutôt*, répondit l'offensé, *que vous vous êtes oublié vous même.* » La leçon était dure, mais méritée.

Si l'on est occupé, on ne laisse pas un visiteur dans une cour ou dans un corridor, mais on l'introduit dans une chambre commode ; et, s'il est possible, on lui envoie quelqu'un pour lui tenir compagnie.

Quand on n'a pas de salon, on peut recevoir dans la salle à manger et même dans la chambre à coucher.

En hiver, avec les intimes, on peut offrir de quitter les vêtements chauds, et, en tout temps, de se débarrasser de la canne et du chapeau.

Si l'on reçoit une lettre ou une dépêche, on

la parcourt rapidement après en avoir demandé l'autorisation, en disant : « *Vous permettez ?* »

Si l'on accompagne un visiteur jusqu'à la porte qui ouvre sur l'escalier ou sur la rue, on ne la referme qu'après que le visiteur s'est retourné pour saluer une dernière fois.

Une personne de considération est reconduite jusqu'à l'escalier et même jusqu'à sa voiture ; alors on ouvre la portière, et, lorsque le voyageur est installé et que la voiture commence à s'éloigner, on lui adresse un dernier et gracieux salut.

Toute visite reçue doit être rendue dans la huitaine.

Entre proches parents, entre amis, les visites ne se comptent pas.

Lorsqu'une visite n'est pas rendue, on laisse écouler un temps assez considérable avant d'en faire une seconde ; et, si cette dernière a le même sort, on cesse toute relation.

Les visites sont parfois bien ennuyeuses ; cependant elles sont utiles, surtout aux jeunes gens, qu'elles façonnent au savoir-vivre, lorsqu'ils fréquentent des salons où règnent l'urbanité et la distinction.

Un poète persan exprime, d'une manière gracieuse, l'heureuse influence des gens de la bonne société :

« *Je me promenais*, dit-il ; *je vois à mes pieds une feuille à demi desséchée qui exha-*

tait une odeur suave. Je la ramasse et je la respire avec délices.

« *Toi, qui exhales un si doux parfum*, lui dis-je, *es-tu la rose?* — *Non*, me répondit-elle, *je ne suis point la rose, mais j'ai vécu quelque temps avec elle; de là vient le doux parfum que je répands.* »

A la campagne. — Les visites à la campagne sont un peu plus familières; on y est moins sévère pour l'heure et la toilette.

Il est d'usage, surtout lorsque les visiteurs viennent d'un peu loin, de leur offrir des rafraîchissements qui doivent être de premier choix.

Le domestique apporte alors sur un plateau tout ce qui est nécessaire et débouche la bouteille. Le maître présente les verres et verse lui-même.

Lorsque le visiteur prend congé, on le reconduit jusqu'à la porte extérieure de la propriété et même une partie du chemin.

Différentes espèces de visites.

Les visites peuvent se diviser en plusieurs catégories: les *visites officielles*, les *visites de cérémonie*, les *visites d'affaires*, les *visites de circonstances* et les *visites d'amitié*.

Nous n'avons rien à dire des visites officielles, elles ont un cérémonial particulier, que les intéressés connaissent certainement.

Visites de cérémonie. — Les visites de cérémonie se font à des personnages éminents, à des supérieurs hiérarchiques, ou pour inviter quelqu'un à une grande réunion, à un banquet, à un dîner d'apparat...

Elles sont courtes, pleines de réserve et conformes aux règles de la plus sévère étiquette. Elles ne doivent pas durer plus de dix minutes ; souvent on ne prend pas la peine de s'asseoir.

Quand elles sont *collectives*, la personne la plus qualifiée entre la première, entretient la conversation, donne le signal du départ et sort la dernière.

Dans l'escalier, on cède le côté de la rampe aux personnes les plus qualifiées.

Visites d'affaires. — Les visites d'affaires sont plus ou moins cérémonieuses, suivant la dignité de la personne à laquelle on s'adresse.

Le visiteur doit exposer d'une manière claire et sans préliminaire l'affaire dont il s'agit ; puis, si la réponse a été favorable, témoigner sa reconnaissance et se retirer après avoir salué. Dans le cas contraire, il ne laisse paraître ni sa mauvaise humeur, ni une satisfaction qu'il n'éprouve pas ; il prend congé, en échangeant quelques paroles polies.

Visites de circonstances. — *Les visi-*

tes de circonstances se font à l'occasion *d'un service rendu, d'un événement heureux ou malheureux, d'un congé ou d'un retour, de l'arrivée dans une ville...*

Après un *service rendu*, on témoigne sa reconnaissance en faisant *immédiatement* une visite, qui revêt un caractère différent, suivant qu'elle est faite à un supérieur ou à un ami. Elle doit toujours être pleine de cordialité.

Les visites à l'occasion d'un *événement heureux* : baptême, mariage, décoration .... se font aussi *le plus tôt possible;* elles se nomment *visites de félicitations.*

Les visites après un malheur s'appellent *visites de condoléances.*

Elles se font sans recherche de toilette, avec une certaine gravité et surtout beaucoup de cœur.

On ne demande pas à la personne visitée des nouvelles de sa santé ; et on attend, pour lui parler du défunt ou du malheur survenu, qu'elle aborde elle-même ce triste sujet. Alors, on écoute avec complaisance et bonté, on cherche à donner quelques consolations, en évitant de sermonner.

Si l'on sent qu'on fait du bien, on peut, sans inconvénients, prolonger sa visite. Après le bonheur de se dévouer, il n'en est pas de plus doux que celui de consoler.

Quand on va *visiter un malade*, il ne faut pas demander à le voir, mais s'informer seulement de l'état de sa santé. Si l'on est introduit auprès de lui, il faut éviter de le fatiguer, chercher à le distraire, à l'égayer et ne prolonger sa visite qu'autant qu'il le demande. Il serait tout à fait inconvenant de critiquer les ordonnances du médecin, d'indiquer des remèdes, de parler des avantages de la santé et de tout ce qui peut exciter les regrets du malade.

Avant de faire un voyage de longue durée, on en prévient ses amis par une *visite dite de congé*. On fait de même au retour.

Les *visites à l'arrivée* dans une ville ont forcément un caractère de réserve, puisqu'on ne connaît pas encore les personnes visitées. Elles sont obligatoires envers les supérieurs.

Les *visites du jour de l'an* se font la veille aux supérieurs, le jour même aux proches parents, dans la huitaine aux amis et aux parents plus éloignés ; enfin, durant le mois aux connaissances.

Les *visites de fête* se font la veille. Elles sont pleines de cordialité et fournissent l'occasion de témoigner son affection.

Les *visites après un dîner, une soirée*... se font dans la huitaine. On ne parle pas du motif de la visite, lequel est suffisamment connu. On tend à supprimer ces visites. Il faut se conformer aux usages de la localité où l'on se trouve.

Visites d'amitié.

« *O mes amis*, disait un sage de l'antiquité, *il n'y a point d'amis!* »

L'amitié vraie est rare, elle ne peut exister qu'entre des personnes qui s'estiment réciproquement.

Chacun se dit ami, mais fou qui s'y repose :
Rien n'est si commun que le nom,
Rien n'est si rare que la chose.

Sans la vertu, l'amitié ne saurait être profonde, ni durable. Elle doit être fondée sur la droiture, la franchise et la bonté.

C'est dans le malheur que l'on connaît ses véritables amis.

Un homme riche voulut savoir si l'affection qu'on lui témoignait était sincère. Il se rendit chez chacun de ceux qui lui prodiguaient des marques d'amitié et leur dit : « *Un malheur immense vient de me frapper : je suis complètement ruiné ; j'ai besoin que vous me veniez en aide.* »

Un premier lui prêta cinq francs, un second vingt, un troisième le congédia froidement, lui disant qu'il ne pouvait rien pour lui ; d'autres, plus sévères, lui reprochèrent amèrement ses prodigalités passées. Un seul, le moins fortuné de tous, s'offrit à partager avec lui sa chambre, sa table et tout ce qu'il possédait. « *Nous travaillerons ensemble*, dit-il, *et nous serons heureux, car la fortune ne fait pas le bonheur.* »

L'amitié vraie est rare, mais elle existe; Notre-Seigneur en a donné l'exemple.

Les visites d'amitié se font sans recherche de toilette, à toute heure, même le matin ; l'étiquette doit en être bannie.

On laisse à l'ami visité la plus grande liberté : il peut vaquer à une affaire pressante et laisser le visiteur seul sans que ce dernier ait le droit de s'en trouver offensé.

Dans ce cas, celui-ci ne doit pas se montrer indiscret : regarder les livres, les cahiers, ouvrir les tiroirs; mais joindre une délicate réserve à l'aisance qu'autorise l'amitié.

Quoique la durée des visites à un ami ne soit pas limitée, on doit se garder d'être importun, et savoir disparaître dès qu'on s'aperçoit qu'au lieu de plaire on ennuie.

Lorsqu'il survient un parent, un ami commun, il est convenable de prolonger sa visite ; si c'est un étranger, on doit se retirer.

Au départ comme à l'arrivée, on se sert de formules simples et amicales, qui ne sont pas admises dans les visites de cérémonie : *Bonjour*, *Bonsoir*, *Au revoir*, *A bientôt*, etc.

C'est sans doute un devoir de rendre toutes les visites que l'on reçoit, mais avec les parents et les amis on ne calcule pas.

Cartes de visite.

La carte de visite est une admirable invention : elle satisfait à la bienséance et épargne bien du temps.

Elle doit être aussi simple que possible et ne pas se faire remarquer par le format, la couleur, la bizarrerie de l'écriture.

Elle est envoyée sous enveloppe ouverte, avec timbre de cinq centimes, ou sous bande, avec timbre d'un centime. L'Administration y tolère cinq mots impersonnels : *Cordiales félicitations et affectueux respect.*

Par économie, on peut remplacer la carte par un carton sur lequel on écrit son nom ; c'est moins distingué.

Quand on va en visite, on donne sa carte au domestique, lorsque cela est nécessaire pour se faire annoncer d'une manière précise ; si l'on ne trouve personne, on la dépose chez le concierge après l'avoir pliée à l'angle gauche de dessous, à l'endroit ; pour les visites de condoléances, on la plie à l'angle droit, à l'envers.

Comme la carte représente une visite, on ne doit en laisser qu'une seule pour tous les membres de la famille.

Au jour de l'an, on envoie sa carte aux supérieurs hiérarchiques, aux personnages de distinction avec lesquels on a eu quelques relations : prêtre, magistrat, médecin ; aux connaissances assez intimes qu'on ne peut visiter à cause de leur éloignement ; et enfin à des personnes peu connues, dont on ne veut pas être oublié. Elle doit être envoyée assez tôt aux personnes auxquelles on doit du respect pour qu'elle arrive, au plus tard, le 30 ou le 31 décembre.

Il ne serait pas convenable d'adresser sa carte à l'occasion du jour de l'an à des connaissances que l'on voit habituellement : ce serait trop ou trop peu.

Après un événement heureux ou malheureux, on envoie le plus tôt possible sa carte à un ami, avec quelques mots de félicitations ou de condoléances.

Ex. : *Affectueuses condoléances. Sincères et respectueuses félicitations*, etc.

M. X...
*a l'honneur d'offrir à monsieur Z*** ses bien sincères condoléances et l'expression de ses sentiments respectueux et dévoués.*

C'est par une carte qu'on répond aux lettres de faire part de naissance, de baptême, d'invitation à un convoi funèbre. Lorsqu'on assiste à des funérailles, on dépose sa carte cornée, ou bien on inscrit son nom sur un registre.

On accepte ou l'on refuse une invitation à une soirée, à un repas, en envoyant sa carte, avec quelques mots aimables.

On joint sa carte à tout envoi, à tout cadeau qu'on ne porte pas soi-même.

Pour remercier d'un petit présent, du bon accueil fait à une personne recommandée, et pour toute communication de peu d'importance, on se sert de la carte.

M. X...
*a l'honneur d'offrir à M. Y*** ses meilleures amitiés et le remercie d'avoir accueilli favorablement monsieur Z***.*

On doit toujours répondre à une carte, et, dans certains cas, libeller l'adresse au nom du mari et de la femme.

DES SOIRÉES

Les soirées sont des fêtes qui commencent le soir et se terminent malheureusement bien avant dans la nuit.

Quelques-unes sont obligatoires, comme celles qui ont lieu après un dîner, pour fêter certains anniversaires; d'autres, exclusivement *mondaines*, doivent être évitées, car elles exposent à bien des dangers.

Quand on reçoit une invitation à une soirée, on répond immédiatement pour témoigner du plaisir qu'on aura de s'y rendre, ou pour s'excuser de ne pouvoir y assister.

Arrivé à la maison, on dépose au vestiaire son manteau et sa canne, on garde son chapeau et ses gants, et on suit à peu près le cérémonial des visites.

On entre au salon sans chercher à attirer l'attention; on va droit à la maîtresse de maison pour la saluer et lui adresser quelques paroles de circonstance. Il faut éviter la précipitation et faire les différents saluts avec beaucoup d'aisance et de naturel. Trop de timidité passe souvent pour de la niaiserie; trop de hardiesse, pour de l'arrogance et de l'effronterie.

Après avoir salué ses connaissances, on se mêle aux groupes en évitant de passer devant les personnes présentes, ou en s'excusant si le manque d'espace oblige à le faire. On ne passe pas davantage au milieu d'un groupe, ou entre le feu et quelqu'un qui se chauffe.

Un jeune homme comme il faut ne fuit pas les personnes âgées ; il les fréquente volontiers et gagne beaucoup en leur compagnie. Il évite les manières brusques et familières, la gaieté bruyante et tout ce qui ressent le sans-façon et le sans-gêne.

Dans une soirée, les hommes ne s'assoient guère qu'à la table de jeu et ils ne tolèrent pas qu'une dame ou un vieillard soit debout quand ils sont assis. Ils gardent constamment leur chapeau à la main, excepté quand ils chantent ou qu'ils prennent des rafraîchissements.

Des Jeux.

On rompt souvent la monotonie des soirées par quelques jeux : billard, échecs, dames, cartes, dominos, etc.

Le jeu est un délassement permis dont il ne faut pas abuser ; suivant un proverbe anglais, il nous dérobe trois choses : « *l'argent, le temps et la conscience.* »

Pour être bon joueur, il ne faut être ni boudeur, ni querelleur, et ne pas oublier que la loyauté, vertu toute française, est le premier devoir d'un honnête homme. On triche, puis on devient fripon.

On se dégante et on salue ses partenaires en commençant la partie. C'est au maître de la maison ou à une personne âgée à fixer l'enjeu.

Pendant qu'on joue, on n'entretient pas de conversation et on ne demande pas de conseils à ceux qui forment la galerie.

C'est une grossièreté que de cacher son jeu aux personnes qui entourent la table. S'il survient un litige, il est permis de soutenir son droit avec calme et modération ; mais si l'adversaire insiste trop ou s'il se fâche, il est bon de céder.

Le duc de Bourgogne jouait un jour avec un de ses gouverneurs. Il y eut un cas douteux. Le duc soutenait avec chaleur qu'il avait gagné, le gouverneur disait le contraire : « *Vous croyez avoir raison*, dit le gouverneur, *et moi aussi ; qui est-ce qui cédera ?* » « *Ce sera vous*, » répondit le duc avec colère. Puis, se radoucissant tout à coup, il ajouta : « *Parce que vous êtes le plus raisonnable.* »

Il est contre la bienséance de montrer trop de joie quand on gagne ou trop de tristesse quand on perd ; la figure doit rester à peu près impassible.

Certains joueurs ne peuvent, dans le succès, dissimuler leur contentement : ils se frottent les mains, fredonnent des airs, lancent des bons mots et poussent des exclamations de bonheur (1). La chance tourne-t-elle ? leur humeur s'envole avec elle. Alors, ils se plaignent amèrement, contestent tous les coups et querellent les donneurs de conseils. Ils crient, s'emportent et s'oublient jusqu'à prononcer des paroles blessantes, injurieuses. Ces joueurs sont insupportables !

Lorqu'on joue avec des personnes d'une humeur fâcheuse, il faut veiller sur soi pour ne pas se laisser aller à des impatiences toujours regrettables.

Il ne faut ni compter l'argent qui est devant soi, ni en mettre dans sa poche pendant qu'on joue. Le gagnant ne peut quitter la table que dans le cas où ce gain répare une perte faite dans la même soirée. Il ne refuse jamais une revanche au joueur malheureux qui la lui demande. Le perdant peut, au contraire, sans inconvénient, abandonner le jeu qui ne lui est pas favorable.

Si l'on s'aperçoit que le partenaire triche, on ne fait aucune récrimination, mais on se retire dès que la partie est terminée.

C'est insulter un joueur que de battre les cartes après lui.

Lorsqu'un partenaire a oublié de mettre au jeu, on lui réclame son enjeu, mais avec

---

(1) Il est incivil de chantonner ou de siffler doucement en jouant, de battre le tambour avec ses doigts ou avec ses pieds comme le font ceux qui sont fort appliqués à leur jeu.

(Saint JEAN-BAPTISTE DE LA SALLE.)

politesse, disant par exemple : « *Vous avez probablement oublié de mettre au jeu. Il manque telle somme au jeu. Quelqu'un a oublié de mettre au jeu.* »

Les dettes de jeu sont des dettes d'honneur; elles se payent dans les vingt-quatre heures, et avant toute réclamation.

A la fin d'une partie, un jeune homme complaisant ramasse les cartes, les rajuste et les donne à la personne qui doit *faire*. S'il joue aux *dames*, aux *échecs*, il aide à placer les *pions* ou les *pièces* de son adversaire.

Les jeux de hasard ne sont jamais permis. Ceux qui demandent une certaine habileté, comme le billard, les échecs, les dames, sont préférables à tous les jeux de cartes. Ceux qui exercent le corps, comme le croquet, les boules, les quilles sont salutaires à la santé. Quand on se livre à ces sortes de jeux, il faut éviter de pousser des cris, de faire de grands gestes, des contorsions, et d'avoir les vêtements en désordre.

Il est reçu qu'on peut refuser de jouer en alléguant son ignorance ou en disant qu'on ne joue jamais; alors on se contente d'être spectateur. Dans ce cas, on ne doit pas s'ériger en censeur, donner des conseils, prendre parti pour l'un ou pour l'autre des adversaires, et présager la perte ou le gain de l'un d'entre eux.

Se passionner pour le jeu, y consacrer un

temps considérable, c'est s'exposer à bien des dangers.

Le désir de gagner qui, nuit et jour, occupe,
Est un dangereux aiguillon.
Souvent, quoique l'esprit, quoique le cœur soit bon,
On commence par être dupe,
On finit par être fripon.

Jeux de Société.

Les *jeux de Société* ou *petits jeux* exigent beaucoup de tact et une grande délicatesse.

L'indulgence et la bonté sont nécessaires à ces sortes de récréations qui, pour ne pas languir, demandent beaucoup de verve, d'entrain et de gaieté. Il faut les varier pour en maintenir l'intérêt.

Quand un jeune homme est appelé à y prendre part, il doit s'y prêter de bonne grâce, ne pas chercher à imposer sa volonté, veiller sur lui-même pour se montrer tout à la fois délicat, aimable et réservé.

Imposer des pénitences pénibles ou inconvenantes, se permettre des allusions blessantes ou des plaisanteries de mauvais goût, serait transformer la partie de plaisir en une pénible et ennuyeuse corvée.

Plus est grande la liberté accordée dans ces sortes de récréations, plus il faut se surveiller pour ne pas s'écarter des convenances.

Débits, Musique.

Dans quelques soirées, pour couper la conversation d'une manière agréable, on récite des vers, on joue de petites comédies, on fait de la musique.

Lorsqu'on en est prié et qu'on a suffisamment de talent, on ne peut refuser, sans impolitesse, de chanter ou de débiter un morceau.

Il y a bien des manières de mal dire des vers, il n'y en a qu'une seule de les bien dire. Il ne faut pas, comme on le croit communément, chercher à donner á l'auditeur l'illusion de la prose. Tout en faisant sentir la mesure, le rythme, la cadence, la rime, on doit s'efforcer de rendre la pensée de l'auteur. Corneille ne s'interprète pas comme La Fontaine, Boileau comme Racine, Victor Hugo comme Lamartine.

Un monologue bien débité et convenablement choisi plaît toujours s'il ne contient aucune parole capable de blesser une oreille délicate.

Quand on remplit un rôle dans une petite comédie, il faut y apporter beaucoup d'attention ; et, si l'on y réussit, beaucoup de modestie.

Lorsqu'on chante, on le fait sans affectation, avec aisance et simplicité, en évitant les grimaces, les contorsions, les poses théâtrales, etc. (1). On se tient debout, à côté du piano, tourné de 3/4 vers l'assistance ; et, pour se donner un peu de contenance, on jette de temps en temps un coup d'œil sur la partition.

Dans une soirée musicale, il faut éviter la monotonie des genres et la rivalité entre les artistes. Le programme doit être varié, relativement court et en rapport avec les goûts connus des invités.

Certains instruments n'ont pas toujours, comme la harpe de David, le pouvoir de calmer la fureur ; c'est pourquoi il est bon d'éviter les morceaux trop longs qui, souvent loin de faire plaisir, fatiguent et provoquent l'impatience.

Quand une exécution ne plaît pas, il n'est pas permis de manifester son mécontentement par des gestes, des murmures ou de toute autre manière.

Il est tout à fait inconvenant d'entrer ou de sortir du salon pendant un chant ou un débit, de battre la mesure, de fredonner un air, de parler à ses voisins, etc.

Les applaudissements doivent être modérés ; le plus souvent, ils ne sont qu'un murmure approbateur.

Quand un morceau a fait plaisir, ce n'est

---

(1) Contrefaire une personne qu'on a entendue, parce qu'elle chante du nez ou qu'elle a de vilaines inflexions de voix, sent le baladin. (Saint Jean-Baptiste de la Salle).

pas aux invités, mais au maitre de la maison à en demander la répétition. Lorsqu'on accompagne un chant, on doit le faire avec modestie, sans chercher à faire briller son talent, surtout au préjudice du chanteur.

Si l'on passe des rafraichissements ou si l'on va au buffet, il faut montrer une grande réserve pour ne pas s'exposer à s'entendre dire par les domestiques, comme dans une soirée célèbre : *Mais, allez donc doucement, Messieurs!*

Un jour, un jeune fonctionnaire se vantait d'avoir absorbé, pendant une soirée, plus de vingt-six sandwichs et une quantité considérable de champagne.

Ce Gargantua était un malappris.

Les artistes ont droit aux mêmes égards que les invités ordinaires.

PROMENADES

Les promenades se font à pied, à cheval ou en voiture.

Promenades à pied. — Ce n'est pas aux jeunes gens à déterminer le but, ainsi que les lieux et les moments de repos d'une promenade. Ils ne doivent pas même faire connaitre leurs préférences.

Quand on se promène avec une personne de considération, il faut régler son pas sur le sien, ne s'arrêter que quand elle s'arrête, éviter de la devancer et se tenir un peu en arrière, de manière cependant à être entendu commodément.

Dans une rue, on lui cède le haut du pavé, c'est-à-dire le côté des maisons ; dans un chemin où il n'y a ni haut ni bas, on se place à sa gauche.

Quand on se promène trois de front, la première place est au milieu ; la deuxième, à la droite de la personne la plus qualifiée, et la troisième de l'autre côté.

Si trois personnes de même dignité se promènent, la place du milieu peut être occupée successivement par chacune d'elles ; le plus souvent, on la laisse à celle qui parle. Si, pour mieux écouter un récit, des personnes de qualité mettent un subalterne à la place d'honneur, celui-ci doit quitter sa place dès que le récit est terminé.

Lorsque quatre personnes se promènent, la plus qualifiée est considérée comme au centre, la seconde place est à sa droite, la troisième à sa gauche, et la quatrième à la droite de la seconde.

A l'extrémité d'une allée, on se tourne toujours en dedans, c'est-à-dire du côté du supérieur ; et celui-ci, vers l'inférieur le plus qualifié ou vers celui qui parle. On peut se tenir toujours du même côté de l'allée pour ne pas faire une évolution incommode et peu naturelle.

En se promenant, il faut éviter de gêner les personnes avec lesquelles on se trouve, de trop s'en approcher, de les coudoyer, de s'arrêter à chaque instant, de ne point régler son pas sur le leur, etc.

Dans un chemin étroit, on cède le pas aux personnes les plus honorables, à moins que ce chemin soit incommode ou dangereux. Dans ce dernier cas, un jeune homme bien élevé prend les devants pour aider à le franchir.

Lorsque, dans une promenade, il est nécessaire de demander des renseignements, de reconnaitre une route, de trouver des rafraîchissements, ce sont les jeunes gens qui s'empressent de le faire.

Les hommes se chargent de toutes les menues dépenses : location des chaises, friandises pour les enfants, voiture s'il survient un orage, etc... Il n'est pas convenable de quitter ses compagnons de promenade pour aller avec d'autres personnes rencontrées par hasard.

Dans les jardins publics et les lieux fréquentés, il importe beaucoup de ne pas se faire remarquer. Attirer l'attention des passants par une démarche singulière, par de grands gestes, de bruyants éclats de rire ou de toute autre manière serait ennuyeux et désobligeant pour la compagnie. C'est particulièrement en public que le maintien doit être digne, modeste et distingué.

Arrivé au lieu de la promenade, s'il n'y a pas suffisamment de sièges pour que tout le monde puisse s'asseoir, c'est aux jeunes gens à se tenir debout.

Un inférieur ne s'assied jamais devant un supérieur sans y avoir été invité.

Promenades à cheval. — Dans les promenades à cheval, on ne monte que quand le plus digne est en selle ; au besoin, on lui tient l'étrier.

On ne part pas avant lui et on lui laisse régler le pas des chevaux.

On se place à sa gauche, de façon que la tète du cheval qu'on monte ne dépasse pas les épaules du sien.

S'il y a de la boue, on se tient à distance pour ne pas l'éclabousser.

Quand il y a de la poussière, on quitte la gauche, s'il le faut, et on se place de façon à ne pas l'incommoder.

« *S'il se rencontre une rivière, un gué ou un bourbier, il faut passer le premier ; mais si on est derrière la personne à laquelle on doit du respect, il faut s'éloigner suffisamment pour que le cheval ne jette sur elle ni eau, ni boue.* » (S. Jean-Baptiste de la Salle).

Promenades en voiture. — En France, les personnes les plus honorables montent les premières en voiture et descendent les dernières ; en Italie, c'est le contraire. Napoléon Ier, allant à la rencontre de Pie VII, qui venait le sacrer, monta le premier dans le carrosse impérial et prit la seconde place ; il fit ensuite monter le Pape, à qui il donna la place d'honneur.

Dans une voiture, il y a ordinairement quatre places : la première est au fond et à droite ; la seconde, au fond et à gauche ; la troisième, en face de la première, et la quatrième, en face de la seconde.

Pour monter ou descendre, on offre l'appui de son bras aux dames, aux vieillards, aux infirmes.

La voiture étant une sorte de salon roulant, on doit s'y comporter comme dans un salon ordinaire. Il ne faut pas allonger les jambes, avoir une posture négligée, cracher par la portière, etc.

Lorqu'on monte en voiture avec un Supérieur, on prend le rebours ayant soin de ne pas se mettre en face de lui, mais à gauche, à la quatrième place. On ne se couvre et l'on ne se place à ses côtés qu'autant qu'il l'ordonne.

Invité par un supérieur à monter le premier dans une voiture, il faut, après un léger refus, accepter l'honneur qui est fait et prendre la dernière place.

On dit un jour à Louis XIV qu'un milord des plus polis ne manquait jamais aux règles du Savoir-Vivre. « *Je le mettrai à l'épreuve,* » dit le Roi.

A quelques jours de là, il l'invita à une promenade en voiture. La portière étant ouverte, Louis XIV lui dit : « *Montez, Milord.* » Ce dernier obéit immédiatement et sans faire de cérémonie. « *On ne se trompe pas*, dit le Roi, *sur la politesse de cet homme ; un autre eût fait des façons et m'eût fort impoliment refusé.* »

Lorsqu'on a une voiture, il faut offrir aux prêtres, aux dames, aux vieillards, les premières places, monter le dernier, et s'il est possible, reconduire jusqu'à leur domicile, les personnes de considération.

On doit faire arrêter la voiture et se découvrir quand on rencontre un convoi funèbre ou une procession.

« *Il est de la civilité de descendre le premier de carrosse pour aider les personnes de qualité en leur donnant la main ; on descend par la portière la plus proche.* » (Saint JEAN-BAPTISTE DE LA SALLE.)

DES VOYAGES

C'est peut-être en voyage que la bonne ou la mauvaise éducation d'un jeune homme se révèle davantage.

S'il est malhonnête, exigeant, égoïste, vaniteux, ces défauts apparaîtront dans toute leur laideur. Ses compagnons de route auront à supporter sa mauvaise humeur, son mécontentement, ses caprices ; mais s'il est bien élevé, il sera bon, aimable pour tous.

En voyage, comme partout, la politesse ne permet pas qu'on prenne ses aises aux dépens d'autrui ; elle veut, de plus, qu'on respecte les droits de l'âge, du sexe et de la souffrance.

Il est permis de défendre ses intérêts, mais sans jamais dépasser les limites que le savoir-vivre impose.

Lorsqu'un homme bien élevé entre dans un wagon, dans une voiture, il se découvre, prend une place convenable, évite de gêner ses voisins, d'encombrer les filets, etc. Sa tenue est digne, sa parole affable, son ton bienveillant. Il parle peu, jamais de ses affaires personnelles, même avec des parents ou des amis intimes.

Il prend un livre, un journal, pour se débarrasser poliment d'un importun. Il ne se familiarise avec personne et sait unir une certaine réserve à beaucoup d'aisance.

Il évite tout ce qui pourrait fatiguer ses compagnons de route, comme de s'appuyer sur l'épaule d'un voisin, de mettre ses pieds sur les coussins, de manger des aliments ayant une odeur forte, etc., etc.

Si, par inadvertance, il heurte un voyageur, lui marche sur le pied, il présente immédiatement des excuses. Il fait passer les paquets, ouvre et ferme les portières, les glaces, et rend avec complaisance tous les petits services qu'on lui demande. Il cède sa place à un infirme, à un vieillard, aux personnes que le rebours fatigue.

S'il voyage avec ses supérieurs, il ne se fait pas attendre, ne se plaint de rien, s'accommode de tout, et n'oublie jamais le respect qu'il leur doit.

L'*égoïste* et le *vaniteux* ont une conduite bien différente.

Le premier ne s'occupe que de lui et ne fait nulle attention aux personnes présentes.

Il s'empare de la meilleure place et ne la cède à personne, pas même à un infirme.

Il encombre les filets, les banquettes, étend nonchalamment les jambes, et s'installe aussi commodément que possible, comme s'il était seul.

Il lève ou baisse les glaces suivant son caprice, fume sans en demander l'autorisation, se met à la portière pour admirer le paysage.

Il parle beaucoup de ses droits : « *J'ai besoin d'air, je veux respirer, je paie ma place comme tout le monde...* » Pour lui, « *le moi n'a rien de haïssable.* »

S'il va au buffet, il accapare les hors-d'œuvre, s'empare des meilleurs morceaux, interpelle les domestiques à distance et leur fait les observations les plus désobligeantes.

L'égoïste est habile à se dissimuler à lui-même son vilain défaut. Bien qu'il sacrifie tout à son intérêt personnel, il croit mériter l'estime de tous par son désintéressement.

Le *vaniteux* veut être remarqué, il fait

l'impossible pour attirer l'attention. Il parle de sa famille, de ses affaires personnelles, de ses voyages, etc. Il a tout vu, tout entendu, il sait tout, c'est un homme universel.

Il tranche avec assurance les questions les plus délicates. La politique et la religion n'ont pas de secrets pour lui ; il a une solution pour tous les problèmes d'économie politique et sociale.

Il critique tout : la lenteur des trains, le matériel de la compagnie, le peu d'amabilité des employés. Rien n'est bien, rien n'est bon, tout est indigne de lui.

Plutôt que de passer inaperçu, il fera des scènes au chef de gare ou à quelque voyageur timide, mais avec prudence, car il n'a pas la bravoure en partage.

Le vaniteux se fait remarquer, mais il est loin de produire l'effet qu'il pense.

L'homme simple et modeste mérite seul l'estime et la considération.

HOSPITALITÉ

L'hospitalité demande de la part de celui qui la reçoit, une grande discrétion ; et de la part de celui qui la donne, beaucoup de cordialité et de générosité.

Il ne faut inviter quelqu'un chez soi, qu'autant qu'on peut lui procurer tout le bien-être, tout le confortable dont il jouit habituellement.

Il y a des personnes qui offrent facilement l'hospitalité à toutes leurs connaissances, et qui sont fort ennuyées lorsqu'on prend au sérieux leur invitation.

C'est pourquoi il est prudent de n'accepter d'aller chez les autres qu'autant qu'on est certain de faire plaisir, et seulement après que la date de l'arrivée et la durée du séjour ont été parfaitement déterminées.

Voulez-vous me faire l'amitié de venir passer une huitaine à X..., la semaine prochaine, pour l'ouverture de la chasse?

— Très volontiers, mais je ne puis disposer que des quatre derniers jours de la semaine.

— Alors, je vous attendrai mercredi prochain, au train de 7 heures 30.

Avant l'arrivée de l'invité, on doit inspecter avec soin l'appartement qui lui est destiné, et s'assurer que tout y est parfaitement propre et en ordre. Le lit demande une particulière attention.

Les armoires doivent être époussetées et débarrassées de ce qu'elles peuvent contenir ; la table de toilette doit être bien garnie : serviettes, boite de savon, flacon de vinaigre, etc. Si l'invité a oublié un objet quelconque, il ne faut pas qu'il soit obligé de le demander.

Sur la table de travail, on place tout ce qui est nécessaire pour écrire : plumes, encre, papier à lettre, enveloppes, ainsi que quelques livres en rapport avec les goûts de l'invité.

Il y a des personnes qui ont l'habitude de prendre, même pendant la nuit, un léger réconfort; c'est pourquoi on doit mettre sur la cheminée, un plateau contenant une carafe, un sucrier, un flacon d'eau de fleurs d'oranger et quelques biscuits dans une boîte fermée.

Il ne faut pas négliger le luminaire; la lampe doit être bien garnie, et les flambeaux munis de bougies neuves.

Il est très courtois d'aller, à l'heure et au jour indiqués, au-devant de son invité pour lui souhaiter la bienvenue, et s'inquiéter de ses bagages.

Après l'avoir présenté aux membres de la famille en arrivant à la maison, on le conduit à sa chambre, qui a dû être chauffée d'avance, si l'on est en hiver.

Quand l'heure du repas est éloignée, on lui fait porter, suivant son désir, du lait, du bouillon, du thé... C'est ce moment qu'on choisit pour lui demander ce qu'il prendra à son premier déjeuner.

On met à sa disposition tout ce que la maison offre de distractions et de plaisirs, et on organise en son honneur, des jeux, des promenades, quelques parties de chasse ou de pêche. On doit chercher à connaître ses goûts, surtout pour la nourriture, et faire son possible pour les satisfaire.

Quand il va se reposer, on l'accompagne, au moins une première fois, pour s'assurer que rien ne lui manque, et que tout est parfaitement en ordre.

Pendant la durée du séjour, on lui demande de temps en temps s'il est satisfait, si les domestiques ne le négligent pas, s'il n'a pas quelques désirs, quelques besoins particuliers. Tout en étant aimable, il ne faut pas être obséquieux ; on ne doit pas craindre de laisser à son invité la plus grande liberté, et un peu de cette douce solitude qui fait le charme du séjour à la campagne.

Au départ, après l'avoir remercié de sa trop courte visite, on l'accompagne jusqu'à la gare ; et si cela est utile, on lui remet quelques provisions.

Quoique gênants et onéreux, les devoirs de l'hospitalité doivent être remplis dans toute leur étendue, si l'on ne veut pas mériter la réputation de manquer de bonté, de générosité et de savoir-vivre.

Hospitalité reçue.

C'est une grande indiscrétion de se rendre chez des amis et même chez des parents, sans y avoir été spécialement invité. Ces surprises, loin de faire plaisir, causent souvent de sérieux ennuis et de graves mécontentements.

Quand on a accepté une invitation, il faut

arriver exactement à l'heure indiquée. En cas d'accident ou d'empêchement grave, on prévient par lettre ou dépêche.

Pendant toute la durée du séjour, l'invité doit, par son amabilité et sa bonne humeur, montrer qu'il est satisfait, s'astreindre au règlement commun, éviter de se faire attendre, surtout à l'heure des repas.

Rien n'est plus vulgaire, plus inconvenant que de se montrer difficile pour la nourriture, et de faire le délicat à une table étrangère. On a remarqué que les personnes de basse naissance, qui vivent pauvrement chez elles, sont généralement très exigeantes chez les autres, ce qui les rend tout à fait insupportables et même ridicules.

Sauf de rares exceptions, on laisse la liberté à ses hôtes durant la matinée ; on ne se présente à eux que vers onze heures ou midi, au moment du premier repas.

Après le lever, on peut s'occuper à lire, à écrire, ou à faire quelques courtes promenades dans le jardin ou dans les environs.

Chez les autres, un homme de tact ne prend jamais les allures de propriétaire, même en parlant. Il ne dit pas : ma chambre, mais : la chambre que j'occupe. Il ne touche ni aux fleurs du parterre, ni aux fruits du jardin, et il ne s'empare jamais de ce qui n'a pas été mis à sa disposition. Il se montre très soigneux de ses propres affaires et de celles d'autrui. Sa propreté et sa tenue sont irréprochables.

Il tient ses appartements en ordre, sans se permettre de déplacer un meuble, un rideau, une tenture, et, à plus forte raison, d'enfoncer des clous, des portemanteaux dans la muraille, etc.

Très réservé avec les domestiques, il ne leur demande que le strict nécessaire, et sa réserve est encore bien plus grande s'il n'y a pas de domestiques.

Il y a des choses qu'un invité ne doit ni voir, ni entendre, et qu'il doit immédiatement oublier, s'il en est involontairement témoin. Sa discrétion ne saurait être trop grande.

Lorsqu'une promenade l'a fatigué ou même indisposé, il évite les récriminations ou les allusions pénibles ; il attribue son malaise non à la longueur ou à la difficulté de la course, mais à son peu d'habitude de la marche.

Il ne parle pas des côtés désagréables de la maison où il est reçu, de la mauvaise disposition des appartements, du grand nombre d'escaliers, du peu d'agrément du jardin ; mais il fait avec tact, à-propos et délicatesse, l'éloge de ce qui le mérite. La critique réussit rarement ; dans quelques cas, elle devient une impertinence.

Il évite de causer trop de dépenses à son hôte ; et pour cela, il porte avec lui, autant que possible, ce qui est nécessaire pour sa toilette et ses distractions.

Si, par exemple, il a l'habitude de travailler la nuit, il met dans sa valise quelques bougies dont il use avec prudence, sans qu'on s'en aperçoive.

La question des gratifications a donné lieu à quelques controverses. Lorsqu'on n'a pas été prié formellement de n'en rien faire, il est très convenable de récompenser le travail de surérogation imposé aux domestiques.

Quand on ne reste que deux ou trois jours dans une maison, on donne un pourboire au valet de chambre; mais, si l'on y passe un temps plus considérable, on en doit aussi au cuisinier et aux autres serviteurs.

Il faut partir au jour indiqué, quelque instance que fasse l'hôte pour retenir. Ces instances ne sont, le plus souvent, que des formules de politesse.

Mieux vaut se faire regretter que d'être importun.

Dans la huitaine, on remercie de la gracieuse hospitalité reçue; et, plus tard, on saisit une occasion favorable pour faire parvenir un cadeau, si on ne l'a pas apporté avec soi en venant.

Un jeune homme peut offrir une bourriche de gibier, des fruits de son jardin ou un poisson de son étang, etc.

DES CADEAUX

Ce sont les petits présents qui entretiennent l'amitié. Quand celle-ci est vraie, le cadeau se fait sans mesquinerie, avec tact et délicatesse. La manière d'offrir un présent, son opportunité et son choix en font le principal mérite : « *la façon de donner vaut mieux que ce qu'on donne.* »

Avant tout, il faut consulter les goûts de la personne à laquelle on veut faire plaisir, et non ses propres préférences. Si, par exemple, on aime les huîtres, ce n'est pas une raison suffisante pour en donner à quelqu'un qui ne peut les supporter.

Les cadeaux revêtent des formes diverses : bouquets, sacs de bonbons, livres, bijoux, objets d'art, armes, chevaux... Tout dépend de la fortune et de la générosité de celui qui donne.

On offre à une personne riche des choses de luxe : bronze, porcelaine de prix, etc ; ou, si le donateur est pauvre, un simple bouquet ; à une personne de position moyenne, un objet agréable et utile : toilette, service à thé, pendule ; à une personne pauvre, un objet pouvant lui épargner une dépense : table, armoire, vêtement.

Lorsqu'on envoie un cadeau, il faut prendre les précautions nécessaires pour qu'il arrive en bon état. L'emballage doit être aussi soigné et aussi gracieux que possible ; le papier servant d'enveloppe parfaitement propre ; les ficelles sans nœuds de rattache, et l'adresse mise avec soin.

Lorsque le donateur porte lui-même son présent, celui qui le reçoit doit s'empresser de le déballer, d'en faire l'éloge et de remercier, lors même que le cadeau ne le satisfait pas pleinement et qu'il s'attendait à mieux.

Ce serait une grosse indélicatesse d'en indiquer ou d'en demander le prix, la provenance, ou de faire une allusion quelconque à sa valeur : *cet objet vient de tel magasin, on me l'a vendu trop cher* ; ou bien : *vous avez fait une dépense exagérée.*

Si l'on ne doit pas faire trop d'éloges d'un cadeau donné, il ne faut pas non plus le déprécier pour se soustraire aux compliments.

Lorsqu'on a promis quelque objet, on doit le donner. Un homme d'honneur ne manque jamais à sa parole, même dans les petites choses.

On rend cadeau pour cadeau, mais sans se hâter, dans la crainte de paraître vouloir payer le présent reçu.

Les parents donnent des cadeaux à leurs enfants, les parrains à leurs filleuls, les oncles à leurs neveux au premier jour de l'an, à Pâques et au jour de leur fête. A ces différentes époques, les personnes de même sexe, de même âge, de même condition peuvent aussi échanger des présents.

Les enfants profitent de la fête de leurs parents ; les écoliers, de celle de leur maître ; les ouvriers, de celle de leur patron pour leur offrir un simple bouquet, un objet d'art, des travaux personnels.

Au premier avril, on peut envoyer à des égaux, *jamais à des supérieurs*, des présents comiques, sous forme de poissons. Ces présents doivent être convenablement choisis. Même en s'amusant, il faut respecter les convenances et éviter la trivialité.

C'est par un cadeau fait avec tact, à-propos et délicatesse, qu'on reconnaît un service rendu et non payé.

DES FÊTES DE FAMILLE

Les fêtes de famille contribuent puissamment à entretenir l'affection et à faire aimer le foyer. Elles offrent une heureuse occasion pour se faire de mutuels présents.

Elles ont lieu à propos de la visite d'un parent, du retour de certains anniversaires, de quelques fêtes de l'Eglise. Elles ne sont jamais trop nombreuses.

Noël. — Cette fête rappelle de bien touchants, de bien délicieux souvenirs.

Elle est particulièrement chère aux petits enfants, qui sont heureux de trouver, dans leurs mignons souliers, les cadeaux du petit Jésus.

Après la messe de minuit, les amis et les parents se réunissent pour le *réveillon*, dont le menu est presque partout le même : *potage bien chaud, jambon, dinde rôtie, boudin grillé.*

Célébrant la vieille coutume,
Entre le soir et le matin,
Sur la braise qui se consume,
Nous ferons griller du boudin.

Jour de l'An. — Au renouvellement de l'année, les supérieurs par la position, l'âge ou la parenté donnent à leurs inférieurs des cadeaux presque toujours accompagnés de papillotes ou de bonbons.

Epiphanie. — C'est une fête charmante, où tous peuvent prétendre à une royauté exempte de soucis et d'inquiétudes.

Le gâteau contenant la fève occupe sur la table la place d'honneur. Après l'avoir découpé, on en met les morceaux dans une serviette ; puis un jeune enfant, déguisé si l'on veut en petit page, les présente à chaque convive.

Celui que le sort favorise est immédiatement proclamé roi de la fête, et tous s'empressent de lui rendre les hommages qui lui sont dus.

Cette royauté éphémère, dans une société choisie, n'a rien de désagréable. Elle ne provoque guère autre chose que de gracieux compliments et de joyeux éclats de rire.

Le nouveau roi n'oublie pas les pauvres ; il envoie son page leur porter son don de joyeux avènement, ainsi qu'une part du gâteau.

Pâques. — En ce beau jour, la joie du père de famille est complète s'il n'y a pas de vides à sa table, et si tous ont rempli le devoir pascal.

L'agneau rôti et les œufs teints de différentes couleurs sont presque de rigueur au dîner.

A l'occasion de cette fête, les parents font d'agréables surprises à leurs enfants. Ils renferment de jolis cadeaux dans des coffrets ou des cartons ayant la forme d'œufs. Ils peuvent aussi ouvrir et vider un œuf de pigeon ou de poule, le remplir de pièces d'or ou d'argent et recoller la coquille. Ce souvenir de la poule aux œufs d'or fait toujours plaisir.

DE LA CONVERSATION

La conversation est un agréable délassement permettant d'acquérir, sans travail et sans peine, des connaissances nombreuses et variées.

Elle est encore un puissant moyen de s'insinuer dans les esprits et de mener à bonne fin une entreprise délicate. Elle demande beaucoup d'esprit, d'attention et de jugement.

Si, pour écrire une lettre, qui est une conversation méditée, il faut une grande habileté, il n'en faudra pas moins pour une conversation improvisée, laquelle exige de la verve et de l'à-propos.

Une conversation doit être polie sans affectation, gaie sans trivialité, gracieuse sans afféterie, littéraire sans pédantisme, et surtout respectueuse des droits de la conscience.

« *L'homme qui mérite d'être écouté*, dit Fénelon, *est celui qui ne se sert de la parole que pour la pensée, et de la pensée que pour la vérité et la vertu.* »

Notre belle langue française est un admirable instrument de conversation : vive et animée quand elle discute, fine et malicieuse quand elle plaisante, nette et précise quand elle expose, elle a toutes les qualités pour rendre un entretien utile, intéressant et agréable.

L'art de converser comprend deux choses distinctes : bien parler et bien écouter.

Pour bien parler, il faut d'abord réfléchir. Les grands esprits sont économes de leurs paroles, ils parlent peu et toujours avec réflexion.

« *Un homme qui a réellement de l'esprit en emploie une petite partie à parler et une plus grande à se taire.* » (TERRASSON).

« *Nous devons*, dit le sage, *peser nos paroles au poids de l'or.* »

Les sots parlent beaucoup et réfléchissent peu. Le grand parleur est un véritable fléau. C'est un malade qui a besoin de remuer la langue. Le plus souvent, il parle de ce qu'il ne connaît pas, ce qui soumet la patience de ceux qui l'écoutent à une rude épreuve.

Ton et prononciation.

La parole doit être une agréable musique.

Lorsqu'on a un timbre de voix dur, aigre, criard, peu sympathique, il faut s'appliquer à le modifier et le rendre aussi doux et aussi harmonieux que possible (1).

Dans les salons, où l'on se pique de bonnes manières, on parle d'une voix distincte, mais modérée. Lorsqu'une réunion est nombreuse, rien de plus facile de constater le niveau de

(1) « Une chose à laquelle on doit bien prendre garde en parlant est qu'il n'y ait rien de rude, ni d'aigre, ni de hautain dans la voix. » (Saint JEAN-BAPTISTE DE LA SALLE).

son éducation. Ce niveau est d'autant plus élevé qu'on y parle avec plus d'animation *et moins de bruit.*

Le ton bas indique la timidité; le ton haut, l'outrecuidance; le ton brusque et saccadé, l'impatience et la colère.

« *J'entends*, dit La Bruyère, *Théodecte dans l'antichambre; il grossit sa voix à mesure qu'il approche; le voilà entré, il rit, il crie, il éclate: c'est un tonnerre.* »

Il y en a qui ont un ton solennel et sentencieux, ce sont généralement des esprits étroits et pédants; d'autres ne peuvent parler sans qu'il y ait de la tendresse et des larmes dans leur voix:

« *Et jusqu'à « je vous hais » tout s'y dit tendrement.* »

« *Certaines personnes ont une prononciation molle, lente, languissante; il semble qu'elles aient toujours à se plaindre. Cette manière de prononcer marque en elles beaucoup de lâcheté et de mollesse.* » (Saint JEAN-BAPTISTE DE LA SALLE).

Le ton doit être doux sans langueur, vif sans rudesse, et respectueux, sauf le cas où l'on parle à des amis intimes. Le plus souvent, c'est le ton qui blesse; s'il était toujours convenable, on pourrait parler et même discuter sans violer les règles du savoir-vivre.

La bonne prononciation est indispensable au bon langage.

Presque tous les défauts de prononciation

viennent de la mauvaise habitude qu'on a prise de prononcer les consonnes d'une manière molle, indécise, sans imprimer aux organes un mouvement suffisant. Il ne faut pas craindre de bien remuer la langue et les lèvres.

Un excellent moyen pour se corriger d'un défaut quelconque de prononciation est de se placer en face d'un ami complaisant et de lui parler bas, de manière à ce qu'il comprenne surtout par le mouvement des lèvres.

« *Quand on parle, il est important de bien faire sonner toutes les lettres et toutes les syllabes et de prononcer tous les mots séparément.* » (Saint JEAN-BAPTISTE DE LA SALLE).

La bonne prononciation est nette, ferme, douce, sans accent ; elle évite le zézaiement, le grasseyement, le bégaiement, le bredouillement et l'ânonnement.

Le zézaiement, toléré et même encouragé chez les petits enfants, donne un air puéril et niais aux grandes personnes. Pour se corriger de ce défaut, qui fait prononcer les *s* comme des *z*, il faut avoir soin que la langue ne dépasse jamais les dents.

Le *grasseyement* consiste dans la suppression ou dans la prononciation trop molle de la lettre *r*.

On se tromperait étrangement, si l'on croyait que ce défaut, commun à Paris et à Marseille, donne plus d'élégance et de grâce au langage.

On se corrige assez facilement du grasseyement en s'exerçant à prononcer vivement et alternativement, d'abord *les lettres l, d, r, puis d, r et enfin seulement la lettre r.*

Le *bégaiement* ou répétition saccadée des mêmes syllabes tient, tantôt à l'intelligence, tantôt à l'organe.

« *Souvent la langue bégaye*, dit Legouvé, *parce que l'esprit bégaye; parce que le caractère bégaye, parce qu'on ne sait nettement ni ce qu'on veut, ni ce qu'on veut dire, parce qu'on est craintif, parce qu'on est colère, parce qu'on veut parler trop vite. Impatience, timidité, manque de précision dans les idées: telles sont les causes de cette sorte de bégaiement, qui n'est pas sans remède. Habituez-vous à parler lentement, et à ne parler que quand vous êtes maître de vous, et vous cesserez de bégayer.* »

Pour se corriger de ce défaut, Démosthène, dit-on, déclamait de longs morceaux en ayant de petits cailloux dans la bouche.

L'*ânonnement* consiste à faire entendre, de temps en temps, un son inarticulé, ou bien à prolonger la dernière syllabe d'un mot, en attendant qu'on trouve le mot suivant.

Il est difficile de se corriger de ce vilain défaut, surtout à un âge avancé. Pour cela, il faut s'imposer l'obligation de *parler lentement* et de *s'arrêter court* lorsque l'expression ne vient pas.

On devrait être impitoyable pour les écoliers

qui, ne sachant pas leurs leçons, prennent l'habitude d'ânonner.

En parlant, il ne faut omettre ni une lettre, ni une syllabe.

On ne dira pas : *catèchime* pour *catèchisme*, *ben* pour *bien*, *mouri* pour *mourir*, *aimab* pour *aimable*, *mon* pour *monde*, *peup* pour *peuple*. On doit surtout s'appliquer à bien prononcer les finales muettes.

Il ne faut pas non plus substituer une consonne à une autre, ni articuler des consonnes qui ne doivent pas l'être. Ex. *Diffigulté* pour *difficulté*, *boule* pour *poule*, *subzistance* pour *subsistance*, *estomaque* pour *estomac*, *tabaque* pour *tabac*, *chocolate* pour *chocolat*.

Trop souvent on change les syllabes longues en syllabes brèves, les *e* fermés en *e* muets et réciproquement.

Ex. : *Pentécole* pour *Pentecôte*, *Dole* pour *Dôle*, *âffreux* pour *affreux*, *reciter* pour *réciter*, *dépuis* pour *depuis*.

L'*e* ouvert ayant quelque chose d'emphatique, il faut en adoucir la prononciation dans le langage familier.

On ne doit jamais parler une langue avec les sons qui ne lui appartiennent pas ; cela sent le prétentieux. On ne dira pas : *Tchirita Vecchia*, mais : *Sirita Vekkia*. Quand un mot est naturalisé dans une langue, il ne faut pas s'inquiéter de la manière dont on le prononce dans son pays d'origine. On ne dira pas : *Nioutonn*, mais : *Neuton*. Le double w des mots allemands se prononce comme un v simple : *Véser*, *Vorms*, *Vestphalie;* et non pas : *Ouéser*, *Ouorms*, *Ouestphalie*. Dans les mots anglais, cette lettre se prononce *ou : Ouarouik* (*Warwik*), à moins que l'usage n'en décide autrement; ainsi on dit : *vagon* et non *ouagon*.

Certaines liaisons, ironiquement qualifiées de dangereuses, doivent être scrupuleusement évitées : *Courage z'enfant...*, *c'est z'affreux*; ainsi que d'autres qui, grammaticalement permises, sonnent mal à l'oreille : *Je suis z'aux z'eaux. Ces oiseaux z'étaient gracieux z'et beaux z'en cage.*

On supprime beaucoup de liaisons dans le langage familier.

Lorsque les consonnes *s* et *t* terminant un mot sont précédées d'autres consonnes, on ne fait pas la liaison de l'*s* et du *t*.

On ne dira pas : *des cours z'intéressants*, mais : *des cours r'intéressants. Il est mort t'et enterré*, mais : *il est mort r'et enterré*.

Il faut éviter la *cacophonie* ou rencontre de mots qui blessent l'oreille : *Ciel, si ceci se sait, ces soins sont sans succès. Ton thé t'a-t-il ôté ta toux? Qu'attend-on donc tant pour tendre ces chaînes? Ces cyprès sont si loin qu'on ne sait si c'en sont.*

Pureté et correction du langage.

On pèche contre la pureté du langage en employant des mots dont la forme a été altérée, ou en leur donnant un sens différent de celui du dictionnaire : Cacaphonie pour *cacophonie*, trémontane pour *tramontane*. Je languis, pour : *je m'ennuie ;* lire sur le journal, pour : *lire dans le journal ;* jouir d'une mauvaise santé, pour : *avoir une mauvaise santé ;* il est fatigué, pour : *il est malade ;* remplir son but, pour : *atteindre son but*.

Il ne faut pas employer indistinctement des mots qui ont une apparence de synonymie. On ne dira pas : *un outil de chirurgie, un instrument de cuisine, un ustensile de physique, un appareil de menuiserie.*

« *On doit éviter les expressions impropres qui ne sont pas conformes à la pureté de la langue ; et, quoiqu'il ne soit pas convenable d'user de termes ou d'expressions trop étudiées, il ne faut pas cependant se servir d'un français corrompu.* » (Saint JEAN-BAPTISTE DE LA SALLE.)

La correction du langage demande qu'on ne viole pas les règles de la grammaire dans la construction des phrases.

Nous ne signalerons que les principales fautes.

1° Les fautes relatives *au genre et au nombre*.

Age, amadou, emplâtre, épisode, incendie, ongle, ouvrage sont masculins.

Antichambre, atmosphère, énigme, image, noix, oriflamme, paroi sont féminins.

Annales, arrhes, bésicles, broussailles, ca-

tacombes, légumes, vacances (repos) sont toujours du pluriel.

2° Les fautes plus nombreuses encore de l'emploi défectueux des modes, des temps, des auxiliaires *avoir* et *être* et des participes.

On ne dira pas : Je fis ce matin telle rencontre, mais : *J'ai fait ce matin telle rencontre ;* car on n'emploie pas le passé défini, quand le temps pendant lequel l'action s'est faite n'est pas entièrement écoulé.

L'emploi de l'imparfait du subjonctif est peu élégant. — On ne dira pas : Il faudrait que vous entrassiez, mais : *Il faudrait entrer.*

Les terminaisons en *asse*, en *isse*, en *usse* trop répétées donnent au langage un ton un peu prétentieux. *Je voudrais que vous marchassiez plus droit. Il faudrait que vous entonnassiez l'hymne de la reconnaissance.*

On commet encore de nombreuses fautes en employant, sans distinction, les auxiliaires *être* ou *avoir*. En général, l'auxiliaire *être* exprime un état permanent, l'auxiliaire *avoir* un acte transitoire. *Monsieur est descendu au premier étage*, signifie que Monsieur est encore au premier étage. *Monsieur a monté cet escalier au moins trois fois durant la journée.* — Ne dites pas : Il a tombé, mais : *Il est tombé* ; il a promené ce matin, mais : *Il s'est promené ce matin.*

3° Il arrive que, dans le laisser-aller du langage familier, on fait des ellipses défectueuses ou des pléonasmes vicieux. C'est pas bien, pour : *ce n'est pas bien ;* c'est pas permis, pour : *ce n'est pas permis ;* aimer rire, pour : *aimer à rire ;* en face l'église, pour : *en face de l'église ;* je partirai aussitôt la diligence arrivée, pour : *je partirai aussitôt que la diligence sera arrivée.* — Dépêchez-vous vite, pour : *dépêchez-vous ;* un petit peu, pour : *un peu ;* sortir dehors, monter en haut, descendre en bas, prévenir d'avance, pour : *sortir, monter, descendre, prévenir.*

Fautes de langage.

Ne dites pas :

Etre parent avec quelqu'un, mais : *être parent de quelqu'un.*

Partir avec le premier train, mais : *partir par le premier train.*

Déjeuner avec du jambon, mais : *déjeuner de jambon.*

Saigner au nez, mais : *saigner du nez.*

Faire son embarras, mais : *faire ses embarras.*

Un vieillard en cheveux blancs, mais : *à cheveux blancs.*

Manger un raisin, mais : *manger une grappe de raisin.*

A couvert de la pluie, mais : *à l'abri de la pluie.*

Prendre quelqu'un à brasse corps, mais : *à bras-le-corps.*

Je l'ai connu dans le temps, mais : *je l'ai connu autrefois.*

Trois heures d'horloge de temps, mais simplement : *trois heures.*

Partir à bonne heure, mais : *partir de bonne heure.*

Faire un habit une idée plus grand, mais : *faire un habit un peu plus grand.*

Vous le savez aussi bien comme lui, mais : *vous le savez aussi bien que lui.*

Cet homme est riche comme tout, mais : *cet homme est très riche.*

Comme santé, il va très bien, mais : *sa santé est excellente.*

Comme pain, il n'y en a plus, mais : *il n'y a plus de pain.*

Il brouillasse, mais : *il bruine.*

Il ne décesse de parler, mais : *il ne cesse de parler.*

La chrétienneté, mais : *la chrétienté.*

Un dinde, mais : *une dinde.*

Un écritoire, mais : *une écritoire.*

C'est une faute d'attention, mais : *une faute d'inattention.*

Une fièvre maline, mais : *une fièvre maligne.*

Minuit précise, mais : *minuit précis.*

Forêt ombrageuse, mais : *forêt ombreuse.*

Eau de fleurs d'orange, mais : *eau de fleurs d'oranger.*

Une rue passagère, mais : *une rue fréquentée.*

Mes père et mère, mais : *mon père et ma mère.*

Tant pire, de mal en pire, mais : *tant pis, de mal en pis.*

Traverser le pont, mais : *passer le pont.*

A revoir, mais : *au revoir.*

Une tête d'oreiller, mais : *une taie d'oreiller.*

Venimeux se dit des animaux ; *vénéneux* des plantes.

Bienséances du langage.

La bienséance du langage exige qu'il soit net et précis, plein de dignité et de noblesse.

Par habitude, ou pour suppléer à une expression qui ne vient pas, certaines personnes emploient des mots de pur remplissage, qui n'expriment rien ; comme : *alors*, *puis*, *évidemment*, *dame*, *quoi*, *pas possible*, *or çà*, *il m'a dit comme ça*, *vous comprenez bien*, *n'est-ce pas vrai?*... Ces mots parasites alourdissent le langage et le rendent pénible et ennuyeux.

Tout homme qui se respecte bannit de ses conversations les expressions banales, grossières ou triviales.

De nos jours, il y a malheureusement une grande tendance à sacrifier notre belle langue française, à celle du boulevard, « *à l'argot* ». Ainsi, on dira : abouler, pour : *venir* ; plus de mousse sur le caillou, pour désigner une *tête chauve* ; gifle, calotte, pour : *soufflet* ; embêter, pour : *ennuyer* ; gamin, moutard, pour : *enfant* ; blouser, pour : *tromper*.

Voici les premières lignes d'une lettre écrite par un jeune humaniste à l'un de ses camarades : « Figure-toi, ma *vieille*, que j'étais en *tuyau de poêle* et en *sifflet* (jadis on disait : queue de morue). Comme il pleuvait, j'envoie le *larbin* me chercher un *sapin*. Il *roule sa bosse* pendant une heure sans en trouver ; c'était *bassinant*. J'expédie le *pipelet* qui enfin *décroche une voiture et je me fourre dedans*. » (NICOLAY.)

La trivialité dans le langage, signe certain d'une mauvaise éducation, amène insensiblement la vulgarité de l'esprit et l'abaissement du caractère.

Quand on s'habitue à prononcer des paroles grossières, souvent elles échappent devant des personnes auxquelles on doit du respect, ce qui couvre de confusion. On en a eu de malheureux exemples jusque dans nos assemblées parlementaires.

Quelques expressions, moins triviales que les précédentes, ont cependant je ne sais quoi de vulgaire, qui ne permet pas aux personnes bien élevées de s'en servir, comme : *boire un coup*, *casser une croûte*, *manger la soupe*, *avaler un morceau*.

Tout en étant digne et correct, il faut éviter d'être *puriste*, le langage familier demandant beaucoup de simplicité et de naturel.

« Les puristes ne hasardent pas le moindre mot ; *rien d'heureux ne leur échappe, rien ne coule de source et avec liberté, ils parlent proprement et ennuyeusement.* » (LA BRUYÈRE.)

Les expressions hyperboliques : *horriblement*, *énormément*, *splendide*, *fabuleux*, *phénoménal*, *divin*, et autres semblables, loin de donner de l'intérêt au récit, le rendent ridicule. J'ai *affreusement* faim, j'ai *épouvantablement* soif, je suis *horriblement* fatigué. Un paysage n'est pas simplement beau, mais *ravissant*, *adorable*, *divin*. Mon *monstre de frère a un caractère impossible.*

Tout ce qui dépasse les limites du vrai est de mauvais goût et doit être rejeté.

Rien n'est beau que le vrai, le vrai seul est aimable.

Convenances sociales de la conversation.

C'est une impolitesse de désigner une personne à laquelle on doit du respect par les pronoms : *il*, *elle*, *lui*... On ne dira pas : Il m'a dit ceci... Je lui ai dit cela..., mais : *Monsieur X. m'a dit ceci... J'ai dit cela à Madame Z.*

Les appellatifs : *Monsieur*, *Madame*, *etc.*, sont de rigueur après les monosyllabes : *si*, *oui*, *non*, *vous*, *merci ;* mais ils ne doivent pas être répétés trop souvent, cela deviendrait fastidieux.

En parlant de ses parents à un enfant, on

doit dire : *Monsieur votre père*, *Madame votre mère*, ou encore : *Votre bonne mère*, *votre vénérable grand-père*. Cette règle s'étend jusqu'aux cousins *exclusivement*. *J'ai vu, hier, votre cousin à tel endroit*, et non pas : Monsieur votre cousin.

Lorsqu'on parle à quelqu'un des membres de sa famille, on ne dit pas : Votre mari, votre dame, votre épouse, mais : *Monsieur X.*, *Madame Z.* Ainsi, on ne dira pas : Comment se porte votre mari, Madame votre épouse ? mais : *Comment se porte Monsieur X., Madame Z. ?*

Les personnes mariées se servent des mots : *mari et femme* ; on peut s'en servir aussi en leur absence, mais jamais en leur présence. Les mots *époux* et *épouse* ne sont admis que dans le style administratif, jamais dans la conversation. Quand on désigne les enfants de parents absents, on dit : *leur fils*, *leur fille*, et non pas leur garçon, leur demoiselle, leur petit. » « *J'ai vu*, disait un paysan, *l'empereur, son épouse et leur petit.* »

En présence de ses parents, on doit dire : *Monsieur votre fils*, *Mademoiselle X.*, ou encore : *Monsieur Joseph*, *Mademoiselle Jeanne*.

Aux personnes élevées en dignité, on donne le titre qui convient : *Monseigneur*, *Monsieur le Chanoine*, *Monsieur le Général*, *Monsieur l'Amiral*, *Monsieur le Préfet*, *Monsieur le Marquis*... Ce titre, énoncé quand on aborde celui qui y a droit, n'est pas répété trop souvent.

Un jeune homme, qui a plus de quinze ans, ne dit pas en société : papa, maman; mais : *mon père, ma mère.*

En faisant une énumération, on se nomme le dernier. On ne dira pas : moi et mon frère, mais : *mon frère et moi.*

C'est une grande habileté de savoir garder les nuances et de varier ses formules, suivant qu'on s'adresse à des inférieurs, à des égaux, ou à des supérieurs.

Pour demander un service, on dira : *Auriez-vous la bonté de me donner ?* etc. *Oserais-je vous prier de me donner ?* etc. Cette dernière formule est très solennelle. On ne doit jamais parler d'une manière impérative et brutale, même à un domestique. On ne dira pas : Donnez-moi telle chose, mais : *Donnez-moi, s'il vous plaît, telle chose* (1).

Pour remercier, on se servira, selon la circonstance, des expressions suivantes : *Merci, Je vous remercie, Recevez mes remerciements, J'ai l'honneur de vous remercier, Veuillez agréer l'expression de ma reconnaissance.*

A propos de nuances, on cite **la leçon du bœuf**, donnée par le prince de Talleyrand.

(1) « Il n'est jamais permis de parler à une personne d'une manière impérieuse. C'est pourquoi au lieu de dire : *Allez venez, faites cela*, il faut user de circonlocutions, disant par exemple : *Oserais-je vous prier de*, etc. *Voudriez-vous me rendre ce service. Vous m'obligeriez en vous donnant la peine de*, etc. » (Saint JEAN-BAPTISTE DE LA SALLE.)

Un jour, ce prince avait une douzaine de personnes à diner. Après le potage, il offre du bœuf à ses convives.

« *Monsieur le duc*, dit-il à un premier, avec un air de déférence et en choisissant le meilleur morceau, *aurais-je l'honneur de vous offrir du bœuf?* »

« *Monsieur le marquis*, dit-il à un second, avec un sourire plein de grâce, *aurais-je le plaisir de vous offrir du bœuf?* »

Et à un troisième, avec un signe d'affabilité particulière : « *Cher comte, vous offrirais-je du bœuf?* »

Enfin, à un monsieur placé au bout de la table, le prince, montrant le plat de son couteau, cria, avec un mouvement de tête et un sourire bienveillant : « *Un peu de bœuf?* »

Les mots *avantage*, *plaisir*, *honneur*, ne s'emploient pas indifféremment. A un supérieur, on dira : *Aurai-je bientôt l'honneur de vous voir*, et non : *le plaisir*.

On ne dit pas : Je vous demande excuse, mais : *Je vous demande pardon*, ou simplement : *Pardon*.

Si l'on vous marche sur le pied et qu'on vous dise : *Je vous ai fait mal*, ne répondez pas : Au contraire ; ou : Ce n'est rien du tout ; mais excusez poliment le maladroit.

Il ne faut pas mettre en doute la parole de quelqu'un, disant par exemple : *Ce n'est pas vrai, ce n'est pas cela, vous vous trompez*. Obligé de nier, on ne doit pas dire : *Non, Mon-*

sieur, tout court ; mais se servir de périphrases courtoises.

Convenances morales de la conversation.

Dans toute conversation, il faut éviter : de prononcer le saint nom de Dieu sans respect, de critiquer les décisions de l'Eglise ; de plaisanter sur les choses saintes, les pratiques de piété, les cérémonies du culte ; tout ce qui peut blesser la religion et la morale. En faisant le contraire, on s'expose à peiner les personnes présentes et à recevoir parfois de vertes leçons.

On ne doit pas non plus se servir des saints noms de *Dieu*, de *Jésus* et de *Marie*, comme des mots parasites servant de pur remplissage : *Mon Dieu, qu'il fait chaud ! Ah ! Jésus, quel babillard !...* ainsi que des expressions : *Que diable*, *ma foi*, *sacristi*, *pardieu*, *morbleu*, et autres semblables. Les charretiers seuls se permettent les *b*, les *f*, les *s*, et autres vilaines expressions.

La Discrétion.

La discrétion consiste à ne dire que ce qui peut être dit et à taire ce qui doit être tu, à n'être pas importun, à respecter le temps, la liberté, les affaires d'autrui aussi bien que ses secrets.

Elle oblige tout le monde. Il n'y a personne qui ne soit tenu de garder le silence sur des choses intimes concernant sa famille, ses amis, ses connaissances ; personne qui ne soit obligé d'éviter cette grossière indiscrétion d'écouter aux portes, ou de lire une lettre tombée par hasard sous sa main ; personne, enfin, qui ne doive garder un secret confié.

« *Celui*, dit le Sage, *qui découvre les secrets de son ami, perd toute créance et se met en état de ne plus trouver d'amis selon son cœur.* »

Si nous voulons qu'on respecte nos secrets, il faut respecter ceux des autres (1).

Il y a des choses sur lesquelles il ne faut jamais interroger personne : ce sont celles qui regardent les détails intimes de la vie, de la famille, de la fortune, etc.

Certaines personnes trop curieuses sont on ne peut plus pénibles par leurs questions indiscrètes. Repoussées une première, une seconde, une troisième fois, elles reviennent à la charge jusqu'à ce que leur curiosité soit satisfaite.

---

(1) « Le Sage, pour faire connaitre, en peu de mots, qui sont ceux qui parlent avec sagesse et prudence, et qui sont ceux qui parlent imprudemment, dit que le cœur des insensés est dans leur bouche et que la bouche des sages est dans leur cœur ; c'est-à-dire que ceux qui n'ont pas de sens font connaitre à tout le monde, par la multitude et l'inconsidération de leurs paroles, tout ce qu'ils ont dans le cœur ; mais que ceux qui ont du sens et de la conduite sont tellement retenus et réservés qu'ils ne disent que ce qu'ils veulent bien dire, que ce qu'il est à propos qu'on sache. »

(Saint Jean-Baptiste de la Salle.)

Ce désir de tout savoir, même les choses les plus intimes, les rend insupportables et leur fait bien des ennemis. Rien n'est plus vulgaire, plus opposé au bon goût.

L'indiscrétion, défaut des âmes vulgaires et indélicates, cause souvent de graves préjudices et de cruels chagrins. Dans certains cas, elle peut devenir criminelle.

On est indiscret quand on dévoile un secret confié, surpris ou connu par hasard ; quand on s'immisce dans les affaires d'autrui ; lorsqu'on regarde un registre, ou des papiers laissés sur un bureau ; lorsqu'on fait des questions qui obligent la personne interrogée à dire ce qu'elle voulait taire, ou à dissimuler, etc.

Profiter d'une cordiale hospitalité pour pénétrer les secrets d'une famille et en dévoiler les misères intimes est une action basse, humiliante et honteuse, qu'on ne saurait trop flétrir.

« *Ne sois point curieux des affaires d'autrui*, dit le vieil Erasme ; *si tu as vu ou entendu quelque chose, fais semblant de ne pas savoir ce que tu sais.* »

Lire une lettre adressée à un autre est une indiscrétion impardonnable, *un manquement à l'honneur*, le fait d'un malhonnête homme.

On doit même éviter de regarder avec trop de curiosité une enveloppe, afin de savoir d'où la lettre vient, par qui elle a été écrite, et en tirer des conjectures, des suppositions plus ou moins fantaisistes.

Modestie.

L'homme modeste s'oublie en parlant ; il évite de se mettre en scène, de parler de lui, de se faire valoir et d'attirer sur lui l'attention. Il ne prend jamais un ton tranchant et ne donne son avis qu'autant qu'on le lui demande.

> L'aimable discoureur, jamais ne nous occupe
> De ses talents, de son emploi :
> Il sait combien l'orgueil est dupe
> Quand il ramène tout à soi.

« *L'esprit de conversation*, dit La Bruyère, *consiste bien moins à montrer beaucoup d'esprit qu'à en faire montrer aux autres. Celui qui sort de votre entretien content de soi l'est de vous parfaitement.* »

L'illustre Racine, dans une leçon qu'il donnait à son fils, disait : « Ne croyez pas que ce soient mes vers qui m'attirent les faveurs des gens de la cour ; je ne les fatigue jamais du récit de mes ouvrages, je me contente de leur tenir quelques propos amusants et de les entretenir des choses qui leur plaisent. Le talent ne consiste pas à montrer son esprit à ses interlocuteurs, mais à leur apprendre qu'ils en ont. Ainsi, quand vous voyez Mgr le Duc passer souvent des heures entières avec moi, vous seriez étonné, si vous étiez présent, de voir que souvent il me quitte sans que j'aie dit quatre paroles ; mais, peu à peu, je le mets en humeur de causer, et il se retire plus satisfait de lui que de moi. »

Le *vantard* parle constamment de lui et de ce qui peut tourner à sa louange : se vanter est pour lui un besoin, une nécessité.

Partout, à son dire, il a joué un rôle important. Tout lui a réussi, il n'a jamais eu d'insuccès. Il connait intimement la plupart des grands personnages, il a eu plusieurs fois l'occasion de leur parler, de dîner avec eux. Presque tous l'honorent de leur amitié. Son père était remarquable, son aïeul extraordinaire, son trisaïeul faisait des merveilles.

Il est avide de compliments, et, quand on ne lui en donne pas, il s'en donne à lui-même. Pour se faire valoir, il ne craindra pas d'abaisser et d'humilier les autres. Se vanter soi-même est le fait d'un orgueilleux et d'un sot.

« *Il est d'un homme sage*, dit saint Jean-Baptiste de la Salle, *de ne jamais parler de ce qui le regarde ; et c'est une marque d'un petit esprit que de se vanter et de parler avantageusement de soi. Un chrétien ne doit se faire connaître que par sa conduite.* »

Plaisanterie.

Pour être permise, la plaisanterie doit être fine, délicate, exempte de toute expression basse ou triviale, de tout sentiment grossier.

Elle doit porter sur les choses et non sur les personnes. Il serait tout à fait inconvenant de plaisanter sur les difformités corporelles, sur l'incorrection du langage, sur la misère, sur l'infortune.

Il ne faut pas que le plaisir de faire briller son esprit fasse oublier le plaisir bien plus doux et bien plus délicat que procure la bonté du cœur. Toute plaisanterie qui blesse la charité, la religion ou la morale est détestable.

On ne doit plaisanter qu'avec des égaux qui n'ont pas une humeur chagrine, jamais avec les supérieurs, rarement avec les inférieurs. Une plaisanterie, en apparence bien innocente, brouilla à jamais le peintre Isabey et le célèbre musicien Grétry.

Ce dernier était un admirateur passionné du chant du rossignol. — Un jour qu'il dînait chez Isabey, celui-ci lui dit : « *Voici, mon cher Grétry, un pâté qui a été confectionné à votre intention. Goûtez-le et vous m'en direz des nouvelles.* » Grétry dégusta le pâté en connaisseur, y revint à deux fois et déclara qu'il n'avait jamais rien mangé d'aussi excellent. — « *Cela devait être*, dit Isabey en riant, *c'est un pâté de rossignols.* » Grétry pâlit, se leva, prit son chapeau et ne revint jamais plus.

On distingue trois sortes de plaisanteries : *le bon mot, le jeu de mots et le calembour.*

Le *calembour* est actuellement bien en vogue, il faut en user avec réserve. Il n'est permis que dans la conversation familière et à la condition d'être rare, sans prétention et parfaitement inoffensif.

Le calembour, enfant gâté
Du mauvais goût et de l'oisiveté,
Qui va guettant, dans ses discours baroques,
De nos jargons nouveaux, les termes équivoques.
Et se jouant des phrases et des mots,
D'un terme obscur fait tout l'esprit des sots.

Il ne faut pas confondre le *plaisant* et le *farceur :* le premier provoque le rire fin et délicat; le second, le rire gros et stupide.

Certaines farces sont de véritables impertinences. Cacher les cannes et les chapeaux, retirer une chaise quand on va s'asseoir, mettre de la glu sur un objet, sont autant de sottises qui ne demandent pas une grosse dépense d'esprit.

Il est des choses que la bienséance ne permet pas de nommer et sur lesquelles il ne faut jamais plaisanter. Certains esprits bas, vulgaires et grossiers qui se complaisent dans ces régions inférieures, cherchent à y transporter leur auditeur. Ce sont des malappris : *la bouche parle de l'abondance du cœur.*

« *Lorsque, dans une compagnie, il se rencontre une personne qui prononce des paroles un peu libres, il faut bien se garder d'en rire, mais faire semblant de ne pas les avoir entendues et faire changer le discours, si on le peut.* » (St JEAN-BAPTISTE DE LA SALLE.)

Raillerie.

La *raillerie* confine à la moquerie et se confond facilement avec elle ; elle est rarement délicate et de bon goût.

Le railleur n'est pas toujours méchant, mais il veut amuser et faire rire ; et, pour cela, tous les moyens lui sont bons.

Souvent il excelle dans l'art de saisir les travers et les ridicules, et il sait les faire ressortir en les exagérant. Il brille davantage par sa pantomime que par ses paroles, qui sont, le plus souvent, incohérentes, dépourvues de bon sens.

Il imite l'air, le visage, la voix, le ton, le geste, la démarche de la personne qu'il veut ridiculiser. Il fait voir comment marche M. X ; comment parle, chante et se mouche M. Y ; comment M. Z. roule sa bosse. La ressemblance est parfaite, c'est à s'y méprendre.

Lorsque la raillerie s'exerce sur un défaut naturel, elle devient une injure grave (1).

Le railleur a peu d'amis et beaucoup d'ennemis ; ceux même qu'il fait rire le redoutent. Jamais le métier de bouffon n'a inspiré de considération. Si l'on veut être respecté, il faut se respecter soi-même.

« Lorsqu'on est raillé sur ses défauts, dit

(1) « C'est une lâcheté et une bassesse d'esprit de railler quelqu'un sur ce qu'il est borgne, boiteux ou bossu. »
(Saint Jean-Baptiste de la Salle.)

saint Jean-Baptiste de la Salle, il faut toujours le prendre en bonne part et ne pas témoigner qu'on s'en fait de la peine. »

Blaguer est un mot qui appartient à l'argot et qui signifie *railler*. Malheureusement, il devient de plus en plus français.

Le *blagueur* ne prend rien au sérieux, il se rit du sentiment, de l'enthousiasme, de l'honneur et de la vertu.

Ce penchant à tout *blaguer*, à se moquer de tout, à ne rien respecter, rend sceptique. Comment croire aux choses qu'on a l'habitude de railler? Le scepticisme, d'abord affecté, devient ensuite réel. Comme la caricature, la blague déforme les objets et fait perdre la notion du vrai, du bien et du beau.

Cette manière d'avoir de l'esprit, de se faire remarquer, d'être plus ou moins amusant court les rues. Le gamin de Paris y excelle, mais le jeune homme bien élevé l'a en horreur.

Mensonge.

Mentir est chose malhonnête et avilissante ; il ne faut jamais se le permettre, même en matière légère. « *Quiconque est capable de mentir*, dit Fénelon, *est indigne d'être compté au nombre des hommes.* »

Certains narrateurs, pour rendre leur récit plus intéressant, ne craignent pas de l'embellir au détriment de la vérité, ou de raconter, comme vraies, des anecdotes qui n'ont jamais existé que dans leur imagination. Ils prennent ainsi l'habitude de mentir.

Cette habitude prise, il est difficile de s'en corriger et l'on perd toute créance. Il semble que, dans la bouche d'un menteur, toutes les vérités se métamorphosent en mensonges.

Parler contrairement à sa pensée, dans quelque intention que ce soit, est toujours indigne d'un caractère loyal, comme d'une conscience délicate.

Aristide et Epaminondas avaient un si grand attachement pour la vérité, qu'ils ne se sont jamais permis de mentir, même par manière de jeu.

Les anciens regardaient le mensonge comme le marchepied de tous les vices.

Le plus sanglant affront que l'on puisse faire à un homme est de lui dire : *Vous mentez ;* et c'est le louer grandement que de reconnaître qu'il est toujours vrai, sans dissimulation.

« *Rien ne fait plus d'honneur à une personne que la sincérité.* » (Saint Jean-Baptiste de la Salle.)

Médisance et Calomnie.

La morale prohibe, non seulement la calomnie, mais encore la médisance, ce grand fléau des conversations.

Que de réputations compromises par des langues que le peuple nomme avec raison : *langues de vipère !*

Lorsqu'on ne peut pas dire du bien de quelqu'un, mieux vaut se taire. « *Le semeur de rapports*, dit le Sage, *sera haï de tout le monde.* »

La calomnie est un crime abominable, un assassinat moral. Le brigand, qui frappe d'un coup de poignard sa victime, est moins coupable que le calomniateur qui, se croyant à l'abri de tout danger, frappe d'un coup de langue un innocent et lui enlève plus que la vie, sa réputation, son honneur.

La médisance, en détruisant la réputation, compromet souvent les intérêts les plus graves et produit parfois des dommages irréparables. Certains médisants semblent n'avoir d'esprit que pour dénigrer. Incapables de soutenir une conversation, ils restent muets dès qu'ils cessent de mal parler du prochain.

Médire est pour eux un besoin, une nécessité à laquelle ils sacrifient tout, même l'amitié.

La calomnie ou la médisance la plus raffinée est celle qui se fait hypocrite, qui se couvre du manteau de la *fausse* amitié. « *Ce bon Monsieur X. n'est réellement pas heureux. Vous savez combien je l'estime, combien je lui suis attaché. Imaginez-vous qu'on m'a dit...* » Et, après avoir couronné la victime de fleurs, on l'immole sans pitié.

Un faux ami est particulièrement redoutable ; il tue en donnant un baiser. Et quand, par sa mauvaise langue, il a brisé une carrière, jeté le trouble dans une famille, il n'a peut-être aucun remords et se croit encore honnête. Quelle aberration !...

Les médisants et les calomniateurs sont des êtres méprisables et dangereux : on doit les fuir.

Celui qui est véritablement charitable ne parle des absents que pour en dire du bien ou pour prendre leur défense. Il se fait gloire de mériter, comme sainte Thérèse, le titre d'*avocat des absents*.

Madame Louise de France était si bonne qu'elle ne souffrait pas qu'on dît du mal de quelqu'un devant elle. Un jour, sa femme de chambre crut lui faire plaisir en critiquant amèrement une dame de la cour dont la princesse avait beaucoup à se plaindre : « Chut ! ne dites pas de vilaines choses comme celles-là, dit la princesse.

— Mais, Madame, vous savez bien que je dis la vérité.

— Je ne veux pas savoir des vérités de ce genre.

— Mais cette femme vous a grièvement offensée.

— Je ne m'en souviens plus.

— Elle est votre ennemie mortelle.

— Je ne suis l'ennemie de personne.

— Comment, je ne puis rien dire de ceux qui vous veulent du mal ?

— Non.

— Pas même du diable alors ?

— Il ne faut dire du mal de personne. »

Cette princesse était particulièrement aimée. La bonté a un charme indéfinissable qui gagne tous les cœurs.

Critique. Délation.

Le médisant raconte; le critique juge ou plutôt censure, en mêlant, le plus souvent, du fiel à tous ses jugements. Il est dur, sévère, inexorable ; et rarement on trouve grâce devant ses yeux.

Il n'approuve jamais, il ne sait que blâmer. Ses appréciations sont acerbes et méchantes. La louange sort rarement de sa bouche.

Tous se trompent. Lui seul a du talent, du savoir-faire, de l'esprit de suite, la science du gouvernement. Lui seul connaît les hommes et la manière de les diriger, de les gouverner. Ah ! si on l'écoutait, si on daignait le consulter, comme tout irait mieux ! (1).

La *délation* est un acte odieux.

Par ses révélations, le délateur hypocrite et jaloux, a surtout l'intention de nuire.

Cette conduite est abominable ; on ne saurait trop la flétrir.

La forme la plus repoussante, la plus dégradante de la délation est la *lettre anonyme*; elle n'a jamais d'excuse. Si, en accusant, on

---

(1) « Il faut juger favorablement tout le monde et ne point se mettre en peine des actions d'autrui. C'est une grande faute que de s'ériger en censeur public. »

(Saint JEAN-BAPTISTE DE LA SALLE.)

croit accomplir un devoir, il faut avoir assez de courage pour ne point se cacher.

La Flatterie.

La flatterie est une louange exagérée, dictée d'ordinaire par l'intérêt personnel.

Le plus souvent on flatte pour s'insinuer dans l'esprit de quelqu'un, gagner ou conserver ses bonnes grâces, et obtenir de lui quelque faveur.

Le flatteur n'a pas assez bonne opinion de lui, ni des autres ; c'est un égoïste dangereux.

« *Parmi les animaux sauvages*, dit un philosophe, *l'animal le plus redoutable est le calomniateur ; et, parmi les animaux domestiques, c'est le flatteur.* »

Le flatteur ment, et sa louange mensongère est souvent prise pour une mystification, une insulte.

Dans une charmante poésie, Delille nous dit que le discoureur aimable loue, mais ne flatte pas.

S'il loue, il fuit le ton flatteur ;
Il sait qu'un mot adulateur
Démenti par la conscience,
D'une juste pudeur fait rougir notre front,
Et qu'un éloge est un affront
S'il n'est pas une récompense.

« *Il est toujours désavantageux à celui qui est flatté de le permettre ; car il prouve, par là, qu'il a peu d'esprit et beaucoup de présomption.* » (S. JEAN-BAPTISTE DE LA SALLE.)

Compliment.

Par compliment, on entend, non pas un discours par lequel on loue un grand personnage dans une circonstance solennelle, mais une allusion fine, une parole gracieuse, dite dans le but d'être agréable.

Le compliment doit être vrai, avoir une grande délicatesse de forme et beaucoup d'à-propos ; on y tolère une légère exagération. Trop direct, il embarrasse; et, lorsqu'il est outré ou préparé de loin, il devient ridicule.

Pour qu'un compliment soit bien fait, il faut que la forme en soit spirituelle, le tour élégant ; qu'il soit naturellement amené et qu'il laisse deviner l'éloge plutôt qu'il ne l'exprime.

Les compliments à *bascule*, qui élèvent une personne et en abaissent une autre, sont indélicats et désagréables à entendre. Exemple : *Vous êtes aussi gracieux que M. X est rustique.*

Tout en écoutant les éloges avec modestie, on doit éviter les protestations exagérées ou peu sincères.

« *Lorsqu'on est loué, il ne faut pas en témoigner trop de joie, mais s'excuser honnêtement, disant, par exemple: « Je ne fais que mon devoir. » Il serait peut-être encore plus sage de ne rien dire et de rompre le discours.* » (S. JEAN-BAPTISTE DE LA SALLE.)

Narration et Discussion.

Pour qu'un récit intéresse, il faut qu'il ne contienne aucun détail inutile, que les divers incidents soient bien amenés, que l'intérêt aille sans cesse en croissant, que le langage soit clair, simple, correct, la prononciation distincte et le ton convenable.

Cher, même aux rivaux qu'il efface,
Le discoureur aimable est le mortel charmant
Qui...
Nourrit l'attention et jamais ne la lasse,
Parle, s'arrête et reprend à propos;
De sel sans âcreté, de gaîté sans grimace,
Assaisonne ses moindres mots ;
D'inutiles détails ne charge point sa phrase
Et, simple avec noblesse et noble sans emphase,
A l'estime du sage et le respect des sots.

On doit se défier des longues histoires et plus encore de celles qui sont invraisemblables; elles provoquent presque toujours l'ennui ou l'incrédulité.

Ce n'est pas adroit que d'annoncer un récit plaisant comme devant faire rire.

Il ne faut jamais dire aux gens :
« Ecoutez un bon mot, oyez une merveille ».
Savez-vous si les écoutants
En feront une estime, à la vôtre pareille ?

Pour la même raison, il est bon de garder son sérieux quand on raconte une histoire plaisante. Les grands comiques sont généralement graves (1).

Que l'histoire soit intéressante ou non, dès qu'on s'aperçoit qu'elle ennuie, il faut couper court et terminer en peu de mots.

Les discussions amènent souvent des paroles pénibles, des disputes et même des propos injurieux. Les jeunes gens doivent les éviter et ne donner leur avis qu'autant qu'ils y sont invités.

Le respect dû aux supérieurs ne permet pas de discuter avec eux ; la discussion suppose l'égalité.

Lorsqu'on discute, il faut écouter *patiemment* et *attentivement* son adversaire, répondre avec calme et d'un ton modéré à ses objections et éviter avec soin toute parole blessante. Les injures ne sont pas des raisons.

Le plus souvent ce ne sont pas nos idées qui choquent ; mais la manière fière, hautaine, méprisante avec laquelle nous les exprimons.

Si, en discutant, on reconnaît la fausseté de l'opinion qu'on soutenait, il faut l'avouer loyalement; dans le cas contraire, ne pas abuser de sa victoire.

Dès qu'on s'apercoit que la controverse est sur le point de dégénérer en querelle, il faut

---

(1) « C'est une incivilité de rire après avoir dit quelque bon mot et de regarder les autres pour voir s'ils rient de ce qu'on a dit, car c'est faire connaître qu'on croit avoir dit des merveilles. » (Saint Jean-Baptiste de la Salle.)

adroitement changer le sujet de la conversation.

« *Disputes, prises de bec, chicanes, qu'est-ce que cela? Presque toujours des duels entre deux amours-propres, entre deux vanités, entre deux orgueils. Or, de pareils champions se servent très souvent d'armes empoisonnées, alors même qu'ils se battent à l'aiguille ou à l'épingle.* »

Les questions politiques et religieuses sont trop passionnantes, trop irritantes pour qu'on puisse les traiter sans s'exposer à violer les règles de la politesse ; mieux vaut s'en abstenir.

Donner un démenti à quelqu'un est une grossièreté impardonnable.

On doit même éviter de contredire; et, lorsqu'on s'y croit obligé, prendre beaucoup de ménagements, le faire en termes polis ; ne pas dire, par exemple : *Ce que vous dites est faux, absurde, n'a pas de sens commun.* La contradiction, même la plus délicate, est toujours pénible ; car, en résumé, elle revient à ceci : *Monsieur, vous vous trompez ;* ou bien : *Vous voulez me tromper.*

En réfutant son contradicteur, il faut, autant que possible, éviter de trop mettre en relief ce qu'il a dit de faux ou d'absurde ; mais tâcher de faire voir, qu'au fond, il n'y a qu'un malentendu et qu'on est d'accord.

Les enfants et les jeunes gens ne doivent jamais contredire.

Savoir écouter.

« *On se rend agréable*, dit un auteur, *quand on écoute volontiers et qu'on laisse avoir de l'esprit aux autres.* » Il semble qu'écouter est chose facile, et cependant rien n'est moins commun.

Quand on écoute avec attention, on fait plaisir à celui qui parle et on excite son talent. On sourit à une fine plaisanterie; on marque son étonnement, sans afficher son incrédulité, à un récit merveilleux; on prend un air grave, gai ou attendri, suivant que la conversation le demande.

Celui qui écoute ne garde pas toujours un morne silence; il répond aux questions posées, place un mot à propos, fait quelques judicieuses remarques et même quelques objections.

Si le récit est ennuyeux, il détourne habilement la conversation et l'amène sur une question plus intéressante.

Chacun a un sujet de prédilection, qu'on est heureux d'entendre parce qu'il le traite avec compétence. Un poète intéresse quand il débite ses vers; un officier, quand il raconte une bataille; un paysan, quand il parle de ses récoltes. C'est être très habile que de faire parler quelqu'un sur ce qu'il connaît le mieux ou sur ce qu'il aime le plus.

Bien écouter est un moyen sûr de se rendre

agréable et de mériter la réputation d'homme bien élevé.

Regarder la pendule, s'agiter sur son siège, lire une lettre, ou donner d'autres signes de distraction ou d'ennui pendant qu'on parle, est tout à fait inconvenant.

Un général, qui dînait chaque samedi chez un jeune peintre, avait pris l'habitude de raconter, chaque fois, au dessert, le passage de la Bérésina. Les convives s'en plaignaient: mais l'artiste croyait qu'il était de son devoir d'écouter avec bienveillance ce récit si souvent répété. Le général mourut subitement, frappé d'une attaque d'apoplexie. Quelques jours après cette mort inattendue, le peintre fut appelé chez un notaire pour l'ouverture du testament du général. Quelle ne fut pas sa surprise en entendant ce qui suit :

« Je lègue à Monsieur X., peintre, comme remercîment de la complaisance sans égale qu'il a mise à m'entendre raconter *103 fois* le passage de la Bérésina : *10.300 francs.* »

Cent francs pour chaque audition du fameux passage, c'était assez lucratif !

En écoutant avec bienveillance, on ne gagnera probablement pas toujours autant d'argent, mais on méritera l'estime et la sympathie de celui qui parle.

Résumons ce chapitre, peut-être le plus important du savoir-vivre, en disant que, pour être agréable dans une conversation, il faut :

1° *Parler peu* et *écouter beaucoup*. Dieu nous a donné une langue et deux oreilles;

2° Avoir un ton modéré, gracieux, naturel, sans accent défectueux;

3° Eviter la banalité, la grossièreté, la trivialité, tout ce qui peut blesser une oreille délicate;

4° Sans être puriste, veiller sur la correction et l'élégance de son langage. Respecter notre belle langue française;

5° Parler à chacun de ce qu'il connaît le mieux ou de ce qu'il aime le plus;

6° Parler rarement de soi, de sa famille, de ses affaires personnelles. « *Le moi est toujours haïssable* »;

7° Savoir garder un secret et ne jamais poser de questions indiscrètes;

8° Se montrer bienveillant sans flatterie, sincère sans rudesse, toujours aimable;

9° Savoir écouter.

DE LA CORRESPONDANCE

L'art d'écrire.

Savoir écrire est chose difficile, qui demande des connaissances nombreuses, un esprit élevé, un goût délicat et *surtout une grande pratique.*

Durant ses études, et plus tard, un jeune homme ne doit rien négliger pour se rendre habile dans cet art, le plus important de tous.

Ce ne sont pas les connaissances mathématiques ou scientifiques qui donnent une haute idée de l'éducation ou de la capacité d'un jeune homme, mais sa manière correcte et élégante de parler ou d'écrire.

La culture des lettres élève l'esprit, ennoblit le cœur, donne une grande supériorité et procure de bien douces jouissances. Que d'ennuis dissipés par une bonne lecture !...

« *Lors même que vous vous destinez à des carrières industrielles ou scientifiques*, dit Fonssagrives, *que votre éducation ait une base littéraire. Vous y trouverez pour toujours des ressources pour bien parler votre langue professionnelle et pour la bien écrire, en même temps qu'un fonds inépuisable de distractions élevées, qui maintiendront votre âme haute et la prémuniront contre les pièges que le désœuvrement tend à la santé comme à la dignité morale.* »

Pour apprendre à bien écrire, il faut lire

avec attention nos bons auteurs, étudier des modèles et s'adonner à la composition française. Ce dernier travail, qui met en jeu toutes les facultés de notre âme, est pénible dans ses débuts ; mais il devient bientôt très captivant. Il suffit d'avoir le courage de commencer. Si l'on s'imposait l'obligation de composer chaque jour dix lignes, on arriverait, au bout de peu de temps, à écrire sans peine, avec plaisir, correction et même élégance. La persévérance, les longs efforts donnent toujours d'excellents résultats.

Pour bien écrire, il faut être *simple*, *clair*, *sobre*, *élégant ;* aller droit au but, ne pas séparer la phrase de la pensée, le mot de l'idée.

Etre *simple*, ce n'est pas être *négligé*, *banal* ou *trivial ;* ce n'est pas non plus être familier ; c'est écrire sans prétention, sans chercher à produire de l'effet.

Etre *clair*, c'est savoir enchaîner ses idées, faire un choix judicieux des mots et des expressions, et les disposer convenablement dans la phrase. « *Ce qui n'est pas clair, n'est pas français.* » (RIVAROL.)

Etre *sobre*, c'est être précis, dire tout ce qui est nécessaire et rien de plus.

La *prolixité* amène la diffusion : *un déluge de mots dans un désert d'idées ; trop de précision* produit l'obscurité : « *J'évite d'être long et je deviens obscur.* » Ces deux défauts doivent être également évités. Sans *clarté*, sans *concision*, il n'y a jamais d'élégance.

Pour traiter convenablement un sujet, il faut le méditer, rassembler les idées et les mettre en ordre.

Pendant la réflexion, les idées viennent plus ou moins abondantes, mais sans aucun ordre. On doit alors les classer, les subordonner, séparer les accessoires des principales ; et, après avoir rejeté tout ce qui est inutile, former *un tout parfaitement homogène, ayant de justes proportions.*

Pour cela, il est bon de faire un canevas en tableau synoptique, avec des mots plutôt qu'avec des phrases.

« *Composer*, a dit un grand écrivain, *c'est ordonner* » : ce qui prouve la nécessité du plan, même pour une simple lettre.

Le plan achevé, on se met à l'œuvre avec calme, sans précipitation, sans s'arrêter au choix des mots ou des expressions, dans la crainte de rompre le fil des idées, d'enlever à la composition la vie, le mouvement et la chaleur.

La composition terminée, on se relit pour **retrancher**, **corriger** et mettre la ponctuation.

On **retranche** *les répétitions de mots et d'idées*, tout ce qui est en dehors du sujet, qui ne s'y rapporte pas directement.

Ajoutez quelquefois et souvent effacez.

On **corrige** *les phrases incorrectes ou trop longues, les tours gauches, les tournures vi-*

cieuses, les termes impropres, les désinences semblables, les mauvaises consonances...

Jamais, en français, **la phrase n'est ni trop courte, ni trop claire.** Il faut être sobre *d'adjectifs* et surtout *d'adverbes*, mais prodigue de *verbes* et de *substantifs.*

Le meilleur style est celui où abondent les **substantifs forts,** qui se passent d'épithètes, et les **verbes colorés,** qui expriment l'idée et font image.

Ce que le rythme est à la musique, le *verbe* l'est au style. Cervantès, Bossuet, Molière, de Maistre, *avares d'adjectifs*, sont prodigues de *verbes.*

« *L'abus des épithètes affadit le style, celui des adverbes l'éreinte.* »

C'est avec raison que Molière ridiculise l'emploi trop fréquent de l'adverbe.

« *Il faut écrire*, dit Veuillot, *avec la conviction qu'il n'y a que deux mots dans la langue: le verbe et le substantif; et se tenir en garde contre les autres mots: adverbes, conjonctions, adjectifs.* »

Lorsqu'on le peut, on doit remplacer le substantif par le verbe, l'adjectif par le substantif, l'adverbe par l'adjectif.

Des Lettres.

Les lettres ont une importance capitale; c'est souvent par elles qu'on nous juge et qu'on nous apprécie.

Elles présentent comme la photographie de notre âme ; car elles révèlent, non seulement notre culture littéraire, mais encore notre être moral, la droiture de notre esprit et la noblesse de notre caractère.

« *Elles donnent*, dit Mme de Campan, *la mesure de nos talents, de notre esprit et de notre éducation.* »

Quelques mots échappés dans une lettre suffisent pour montrer que l'on manque de savoir-vivre, de tact, de sentiments généreux; qu'on est égoïste, envieux et jaloux.

« *Le style*, surtout celui de la lettre, *c'est l'homme.* » Soigner ses lettres, c'est se respecter soi-même; c'est aussi respecter ceux à qui l'on écrit.

Une lettre doit être irréprochable dans la forme. Il ne faut y tolérer ni taches, ni ratures, ni incorrections de style et encore moins des fautes d'orthographe. Ces sortes de négligence sont jugées très sévèrement et considérées, par beaucoup de personnes, comme une preuve suffisante de mauvaise éducation ou d'incapacité.

Lorsqu'on écrit, il faut être prudent, savoir ce qu'on peut dire et ce qu'on doit taire; éviter les allusions méchantes, les critiques amères, les appréciations injurieuses, en un mot, tout ce qui peut blesser ou compromettre.

« *Les paroles s'envolent et les écrits restent.* » La lettre est un témoin toujours prêt à déposer contre celui qui l'a écrite. Des mains d'un ami, elle peut tomber en des mains étrangères et causer bien des ennuis.

On doit écrire comme on parle, mais avec beaucoup plus de correction et de soin.

Les principales qualités du style épistolaire sont : *la clarté*, *l'élégance*, et surtout le *naturel*.

La *clarté* demande qu'une lettre ne soit pas une énigme, qu'on ne puisse pas se méprendre sur ce qu'on veut dire. Pour cela, il faut éviter les longues périodes, les phrases savantes, compliquées de parenthèses, ainsi que les expressions trop techniques.

On écrit pour se faire comprendre et non pour offrir un exercice à la patience ou à la sagacité de son lecteur. Il y a des gens qui se plaisent dans ce qui est obscur et qui expriment les choses les plus ordinaires en termes inintelligibles. Sans précision, il n'y a pas de clarté.

L'élégance consiste à présenter les pensées d'une manière gracieuse et spirituelle, à leur donner un tour fin et délicat, à se servir de toutes les ressources qu'un esprit cultivé peut offrir pour plaire.

« *Sans la grâce*, dit saint Grégoire de Nazianze, *une lettre est sèche*, *triste*, *monotone; avec elle*, *au contraire*, *le style s'égaye et coule avec douceur*. »

Maximes piquantes, *proverbes cités à propos*, *petites anecdotes*, *suspensions badines*, *saillies ingénieuses: elle admet tout ce qui peut éveiller l'esprit, mais toutefois sans affectation. La pourpre ne s'emploie qu'en bordure, et la lettre ne souffre qu'une élégance sans apprêt.*

Le *naturel* est une qualité par laquelle le style paraît couler comme de source, sans effort ni contrainte. C'est si simple, si naturel, si dénué de prétention, qu'il semble qu'on en ferait autant.

Cette précieuse qualité, qui ne s'allie jamais avec un syle incorrect, est rare. Elle est le résultat d'une longue pratique.

Les phrases à effet, les grands mots sont particulièrement ridicules dans le style épistolaire. Chercher à éblouir son correspondant, à lui faire croire qu'il a affaire à un homme de beaucoup d'esprit, c'est vouloir se faire passer pour un sot prétentieux.

Autrefois, les oiseaux se disputant la royauté et chacun s'empressant d'orner son plumage, l'aigle seul jugea que sa plus belle parure était de n'en point avoir.

« *La plus belle lettre est celle qui tire toute sa parure de la manière simple, aisée, naturelle dont elle est écrite.* » (Saint GRÉGOIRE.)

En fuyant la recherche, il ne faut pas tomber dans un excès contraire, être trivial ou grossier. Ce n'est pas se respecter que de se servir, surtout dans le langage écrit, d'expressions peu dignes ou trop vulgaires, de termes empruntés à la langue verte ou à *l'argot.*

« *Toute dégradation individuelle ou nationale*, dit Joseph de Maistre, *est sur-le-champ annoncée par une dégradation rigoureusement proportionnelle dans le langage.* » Dans une lettre comme dans une conversation, on doit respecter les règles de la grammaire, de la bienséance et de la morale.

Tous les préceptes du style épistolaire peuvent être ramenés à celui-ci : « *Etre soi et vouloir plaire.* »

Etre soi. On ne doit pas chercher à se contrefaire, à se donner plus d'esprit qu'on en a, à imiter tel ou tel modèle. Il faut de l'esprit dans une lettre ; mais du bon, de celui qui se présente spontanément, qui n'est pas cherché, qui n'offense personne, qui est à la fois *lumière* et *chaleur*.

Vouloir plaire. Ce désir de plaire fait éviter tout ce qui dépasse la mesure, qui manque de tact et qui choque le goût. Il échauffe le cœur, anime l'esprit, inspire des sentiments généreux et des pensées délicates.

Celui qui veut faire plaisir, qui cherche à faire du bien, à réjouir ou à consoler, n'emploie jamais le *factice*, *le faux*, *le trivial*, qui, seuls, donnent aux lettres un tour désagréable.

En écrivant, il faut s'oublier soi-même et penser uniquement à la personne à laquelle on s'adresse.

Quand un jeune homme sérieux se dispose à faire une lettre, il se rend d'abord bien compte des questions qu'il va traiter, de l'ordre qu'il convient de suivre et du style qu'il doit adopter.

Il fait un plan pour mettre de l'ordre, de la suite et de l'enchaînement dans ses idées. Il parle d'abord du sujet qui motive la lettre, puis de ce qui concerne ou peut intéresser celui auquel il écrit. Il donne quelques nouvelles personnelles ; et, s'il le croit utile, il termine par une anecdote piquante ou par quelques paroles aimables et gracieuses. Il ne mêle pas les questions et réserve un paragraphe pour chacune d'elles.

Les lettres de condoléances, de félicitations, de remerciements, ainsi que celles qui sont adressées à des personnages de distinction, demandent l'unité d'objet. Elles ne tolèrent rien d'étranger à ce qui motive la lettre.

L'usage du post-scriptum est suranné ; il est presque toujours inutile quand on a réfléchi à ce qu'on devait dire et qu'on a fait un plan.

C'est par l'étude des modèles, et surtout par la pratique, qu'on se rend habile dans le genre épistolaire. On ne saurait trop recommander aux jeunes gens de lire avec attention les lettres choisies de Madame de Sévigné, de Racine, de Joseph de Maistre, de Veuillot et de Lacordaire.

Une lettre mal faite doit être recommencée ; elle ne peut que servir de brouillon pour une nouvelle lettre, où les défauts de la première auront été corrigés.

Différentes espèces de Lettres.

Le ton d'une lettre doit varier suivant les personnes auxquelles on s'adresse. On n'écrit pas à un supérieur comme à un inférieur, à un ami comme à un étranger, à un homme d'affaires comme à un homme de lettres.

Lettres à un Supérieur. — La lettre à un supérieur doit être respectueuse, pleine de gravité et de réserve. Il faut dire ce qui est nécessaire et rien de plus; joindre à beaucoup de clarté une grande précision.

Si l'on se permet un compliment, il faut qu'il soit bien amené, plein d'à-propos, de délicatesse et de tact. « *Les louanges*, dit Madame de Sévigné, *sont des satires, si elles peuvent être soupçonnées de n'être pas sincères.* »

Les lettres aux supérieurs doivent être irréprochables dans la forme, soignées du commencement à la fin. Si elles laissent quelque chose à désirer, on les recommence.

La formule finale demande une particulière attention.

Lettres familières. — Les lettres familières sont adressées aux parents, aux connaissances intimes, à toute personne avec laquelle on peut user d'une certaine liberté.

Elles ne sont pas autre chose qu'une causerie avec un ami absent, un épanchement où le cœur a plus de part que l'esprit. La simplicité, l'abandon, la familiarité en sont les caractères distinctifs.

Quoique toute recherche en soit bannie, il n'est pas permis d'y violer les règles de la bienséance et du bon goût; l'amitié ne dispense pas de la délicatesse.

Il faut éviter avec soin tout ce qui pourrait causer de la peine ou être mal interprété.

Les médisances, les calomnies, les paroles blessantes pour autrui n'y trouvent pas de place. Il y a des choses qui ne doivent pas s'écrire, même à un ami, car *les écrits restent et peuvent s'égarer*.

Dans les lettres familières, comme dans toutes les autres, il faut éviter les lieux communs, les incorrections de style, les fautes d'orthographe, les expressions vulgaires, banales ou triviales, les sottes plaisanteries, les railleries de mauvais goût et les paroles à double sens. Trop de familiarité engendre le mépris et détruit l'amitié.

J'estime ce que j'aime ou je cesse d'aimer.

Lettres de félicitations. — Les lettres de félicitations demandent une certaine habileté, beaucoup de cœur et de délicatesse.

Comme elles ne contiennent rien d'étranger à l'événement heureux, elles sont courtes et n'ont jamais quatre pages. Ce ne sont ni les phrases sonores, ni les longues périodes qui persuaderont un ami que nous prenons part à sa joie.

Elles doivent être vraies, sincères, cordiales et flatteuses, sans exagération. On parle du mérite de la personne récompensée, de la justice qui lui a été enfin rendue, de la joie qu'on éprouve, et autres lieux communs qu'on tâche de rajeunir, ce qui n'est pas facile.

Lettres de condoléances. — Elles sont courtes, affectueuses, en harmonie avec les sentiments de la personne qui pleure. « *C'est le cœur qui doit tenir la plume.* »

Le style est grave, sérieux et sans recherche. Les réflexions religieuses y sont bien à leur place. En face de grandes douleurs, les consolations humaines sont bien peu de chose. C'est en levant les yeux au ciel qu'on peut sécher ses larmes et reprendre courage.

Lettres d'affaires. — Les lettres d'affaires demandent de l'ordre, de la précision et surtout de la clarté. Elles n'ont qu'un seul but, celui de se faire comprendre.

On aborde le sujet sans préambule et on passe d'un alinéa à un autre sans transition. On supprime les compliments, les expressions superflues, tout ce qui est étranger à la question. On s'occupe davantage des choses que de la manière de les dire.

Le style doit être clair et précis, mais correct. Certaines lettres de commerce renferment des tournures véritablement étranges. Exemples : *Par votre honorée du... Celle-ci est pour répondre à la vôtre... Je vous écris pour vous faire savoir que, d'après votre honorée...*

Lettres de faire part. — Les lettres de faire part sont de deux sortes : celles qui contiennent une invitation à une cérémonie : mariage ou enterrement; et celles où l'on se contente d'annoncer l'événement.

Les lettres de faire part pour un enterrement sont rédigées d'après des formules particulières et au nom des membres de la famille, en commençant par les plus proches parents. Les personnes qui font part ne mentionnent aucune de leurs qualités, sauf celles qui sont indispensables pour les désigner.

Les titres du défunt et tout ce qui peut le glorifier y sont, au contraire, exprimés tout au long.

On remplace la souscription et la signature par une demande de prières pour le défunt.

A qui faut-il écrire ?

D'abord aux parents.

Cette correspondance est particulièrement douce et agréable ; elle doit être soignée et n'être jamais en retard.

La lettre de famille enchante la mémoire,
Retrempe notre cœur, nous fait aimer et croire. (VIOLEAU)

En dehors des lettres de famille, il y en a encore d'autres, prescrites par les convenances.

On doit une lettre :

1° En réponse à toutes celles qui nous sont envoyées ;

2° Pour remercier d'une faveur reçue ;

3° Pour adresser des félicitations, des condoléances, aux parents, aux bienfaiteurs, aux amis intimes ;

4° Pour présenter à ces mêmes personnes des souhaits de fête ou de bonne année ;

5° Pour répondre à une invitation quelconque.

On écrit encore : pour maintenir des relations amicales, se distraire en échangeant des nouvelles, et enfin, pour demander des renseignements, un service.

Il faut prévenir certaines lettres et répondre, en temps opportun, à toutes celles qu'on reçoit. Lorsqu'on néglige de le faire, on provoque bien des plaintes et l'on se fait taxer d'indifférence, même par ses amis.

L'inexactitude dans la correspondance est un signe de mauvaise éducation et un manquement grave aux convenances.

Pourquoi remettre au lendemain une lettre qu'on peut faire le jour même ?

Forme des Lettres.

Toute lettre, quelle que soit sa destination,

doit être écrite sur du papier à lettre et non sur du papier ordinaire.

La simplicité étant le caractère de la vraie distinction, les papiers de couleur blanche ou légèrement teintée, qui n'accusent aucune prétention à la singularité ou à l'élégance, sont les plus convenables. Ceux de couleur rose, orangée, jaune, qui sont arrondis aux angles, ornés de dessins ou de vignettes, sont de mauvais goût ; il faut les laisser aux petits enfants.

Le papier doit être lisse, fort, un peu glacé. Celui qu'on nomme *pelure d'oignon* n'est toléré que pour les correspondances lointaines, dont le port est considérable.

Ecrire sur une feuille froissée, poudreuse ou maculée, est un manque de respect.

Les dimensions du papier varient suivant les circonstances et les personnes auxquelles on écrit.

Le grand format, in-folio, est employé pour les suppliques, les pétitions, et toutes les fois qu'on écrit à des personnages éminents. On se sert du format moyen, in-8, pour les lettres ordinaires.

Le petit format, in-16, fréquemment usité dans le monde élégant, est avantageux pour les billets et les invitations.

Pour toutes les lettres, on emploie une feuille double, excepté pour la correspondance commerciale.

Par respect pour son lecteur, et pour ne

pas abuser de son temps et de sa patience; il faut écrire d'une manière lisible (1), sinon élégante. « *Une mauvaise écriture*, dit Grotius, *est une des formes du mépris qu'on a pour autrui, car elle prouve qu'on attache plus de prix à son propre temps qu'à celui des autres.* »

L'encre doit être noire et de bonne qualité. Les encres bleues, vertes, rouges annoncent la fantaisie et sont de mauvais goût; on tolère l'encre violette.

Lorsqu'on s'adresse à un personnage ayant une haute situation, on écrit ses titres et son nom en haut de la page d'un papier grand format. *A Monsieur le Ministre des Affaires étrangères. — A Monsieur le Préfet du département de N***.*

On laisse une grande marge et on met le mot en vedette au milieu de la page : *Eminence, Monseigneur, Monsieur le Ministre, Monsieur le Préfet.*

On écrit ensuite assez bas au-dessous de la vedette. Dans les pétitions, la première page ne doit pas avoir plus de quatre lignes.

---

(1) L'homme soigneux se révèle par l'arrangement des en-têtes et des marges, et par une ponctuation minutieuse. La vue d'une lettre sans ponctuation, dont les lignes se confondent, nous révèle, au contraire, le manque de soins, la confusion de l'esprit ; et le style confirme généralement cette opinion.

La simplicité exige qu'on évite la bizarrerie dans la forme des lettres et toute recherche dans les mouvements de l'écriture. (*Graphologie.*)

Dans les cas ordinaires, on commence la lettre au tiers de la première page.

Avec les amis intimes, on peut écrire le mot en vedette dans la première ligne ou dans la première phrase.

Exemples : *Je suis heureux, mon cher Ami, de vous annoncer que... Combien je serais charmé de vous voir, mon cher Ami, vous occuper de...*

Actuellement, la marge est à peu près abandonnée ; elle se maintient à peine visible dans les petits formats.

On doit éviter d'écrire en marge ou en croisant les lignes ; mieux vaut employer un deuxième feuillet.

Les ratures, les interlignes, les renvois, les abréviations, tout ce qui sent le sans-gêne est indélicat et peu respectueux. — Avec les amis, on ne se gêne pas ; néanmoins, il ne faut pas donner à sa lettre un air de brouillon.

On tolère que les mots *Monsieur* ou *Madame* soient écrits en abrégé lorsqu'il s'agit, non du destinataire ou de ses parents, mais d'étrangers. — *J'ai rencontré dernièrement M. Gallay, qui m'a chargé de dire à Monsieur votre père...*

Pour faciliter l'intelligence et la lecture de la lettre, on doit aller à la ligne chaque fois qu'on aborde une nouvelle question.

La signature la plus simple est la plus conforme au bon goût. Elle doit être lisible, sans paraphe compliqué.

Il est bon de mettre son adresse en haut de la page, avant la date, ou au bas de la lettre, après la signature :

Lyon, 16, rue Victor Hugo — le 2 août 1901.

ou bien :

Signature : *Joseph Regnier*,

28, Avenue des Champs-Elysées. — Paris.

Cette habitude de donner son adresse est tout à fait conforme aux règles du savoir-vivre. Elle dispense la personne à laquelle on écrit de faire des recherches quand elle veut répondre.

La date des lettres d'affaires ou de commerce se place en haut de la première page, à droite ; pour les autres, un peu au-dessus de la signature, mais à gauche. Cette dernière manière est considérée, par plusieurs, comme un acte de déférence.

Pour les simples billets, on indique seulement le jour, mais en haut. *Mercredi matin, Jeudi soir.*

Si la souscription arrive au commencement d'une page, on met deux ou trois lignes de texte avant de commencer la souscription.

Les nombres s'écrivent en toutes lettres, sauf les dates et les sommes d'argent. Ces dernières ne se mettent jamais en chiffres quand il s'agit d'affaires.

Lorsque les quatre pages d'une lettre sont

remplies, il est convenable de la renfermer dans une feuille de papier blanc.

Deux personnes intimes peuvent écrire sur la même lettre, mais seulement à un ami commun.

La lettre terminée est pliée en deux ou en quatre, de manière à ce qu'elle entre commodément dans l'enveloppe. Mieux vaut ne la plier qu'en deux.

Les lettres ordinaires se cachettent en collant l'enveloppe gommée ; celles qui sont un peu cérémonieuses exigent la cire d'Espagne. La cire rouge est la plus convenable et la seule admise pour les lettres administratives.

Lorsqu'on est en deuil, on se sert de cire noire ; mais seulement pour la correspondance familière et les billets de faire part.

Les cires de couleurs : jaunes, vertes, dorées, sentent la fantaisie.

La cire doit être appliquée convenablement avec un sceau ayant des initiales ou une devise simple ; jamais avec une pièce de monnaie ou un autre objet.

L'administration des Postes exige deux ou cinq cachets sur l'enveloppe d'une lettre chargée.

Les lettres peuvent être envoyées soit par un exprès, ce qui est très convenable, soit par une personne de confiance, soit enfin par la poste. Ce dernier mode est le plus simple et le plus sûr.

Un voiturier, un conducteur de diligence,

s'exposent à une amende, en portant une missive non affranchie, renfermée ou non dans un paquet.

Une lettre confiée à l'obligeance de quelqu'un doit être donnée ouverte et immédiatement cachetée par celui qui la reçoit. Il serait malséant de charger une personne de distinction, un supérieur, de portei une lettre ou un paquet, de faire une commission quelconque.

Une lettre de recommandation est cachetée, après avoir été lue à la personne qui l'a sollicitée, ou bien elle est remise ouverte; et, dans ce cas, celui qui la reçoit la cachette après en avoir pris connaissance.

Toutes les lettres doivent être affranchies et d'une manière suffisante. De 15 en 15 grammes, il faut un timbre de 15 centimes.

Le timbre doit être placé en haut de l'enveloppe et à droite. Certaines personnes considèrent comme un manque d'égards, la manière sans-façon dont le timbre est collé sens dessus dessous, en biais, de travers, etc.

Les enveloppes illustrées de timbres déplaisent à l'administration des Postes et sont de mauvais goût.

Pour avoir une réponse, on envoie un timbre à une personne peu connue, à un fonctionnaire, à un industriel, auxquels on demande un renseignement.

L'adresse d'une lettre doit être écrite avec soin, très lisiblement et contenir le nom, la profession et le lieu de résidence du destinataire. Elle se commence au milieu de l'enveloppe. Sur la première ligne, on écrit le nom et le titre de la personne ; sur la seconde, la profession ; sur la troisième, le numéro et la rue ; sur la quatrième, la ville et le département.

Monsieur le Comte de N....
Avocat
13, rue de Paris
Villefranche — (Rhône)

Lorsque la localité n'a pas de bureau de poste :

Monsieur Joseph Leroux
propriétaire
à Romanèche
par Montluel — (Ain)

Quand il s'agit d'un haut fonctionnaire, d'un général, d'un préfet, l'indication de la ville suffit.

Si l'on désire qu'une lettre, écrite à un chef d'administration, ne soit lue que par lui, on écrit en haut de l'adresse : *personnelle.*

Lorsqu'on a des raisons de croire que la personne à laquelle on écrit est en voyage, on ajoute à l'adresse : « *faire suivre en cas d'absence.* »

Les mots *urgente*, *pressée*, qu'on met sur certaines lettres, n'activent pas le service de la poste, mais préviennent les négligences des intermédiaires : facteur, concierge, etc.

« *On ne lit pas une lettre en compagnie, à moins que ce ne soit pressé et qu'on ne puisse faire autrement. Dans ce cas, on se retire à l'écart, après en avoir demandé la permission.* » (Saint JEAN-BAPTISTE DE LA SALLE.)

Vedette et formules finales.

Le choix du titre qu'il convient de donner à la personne à laquelle on écrit, demande une certaine attention ; il se place en vedette.

On se sert ordinairement des mots : *Monsieur, Madame, Mademoiselle.*

Lorsque le correspondant a un titre, on l'énonce après les mots *Monsieur* ou *Madame;* s'il en a plusieurs, on choisit le plus honorable. — *Monsieur le Comte, Madame la Marquise, Monsieur le Préfet, Monsieur le Curé.*

A un comte, maire d'un petit village, on dira : *Monsieur le Comte*, et non : *Monsieur le Maire.*

On ne joint pas le nom ou le prénom de la personne à laquelle on écrit, au mot *Monsieur* ou *Madame* ; on ne dira pas : *Monsieur Berruyer, Monsieur Léopold.*

Aux mots *Monsieur* et *Madame*, on ajoute quelquefois une épithète de respect et d'affection : *Très honoré Monsieur.* — *Monsieur et cher Ami.*

A un collègue, à un confrère, on peut dire : *Monsieur et cher Collègue.* — *Monsieur et vénéré Confrère.* Un avocat dira à un autre avocat : *Monsieur et cher Confrère*, ou plus intimement : *Cher et vénéré Confrère ;* un élève à un professeur : *Cher et vénéré Maître*, ou simplement : *Cher Maître.*

Dans l'intimité, pour témoigner sa reconnaissance ou son affection, on peut dire : *Cher et vénéré Bienfaiteur, Cher Ami, Cher Oncle.*

Les mots en vedette se répètent dans le corps de la lettre, mais pas trop fréquemment ; jamais deux fois dans le même alinéa. Ils ne doivent pas commencer une phrase ; on ne dira pas : *Monsieur le Maire, je vous prie ;* mais : *Je vous prie, Monsieur le Maire.*

Le choix de la souscription, de la formule finale, demande beaucoup de tact et une particulière attention. — Il faut veiller sur soi pour se tenir dans les limites des convenances et du bon goût et ne dire ni trop, ni trop peu. Les mots principaux de ces formules sont : *respect, considération, estime, dévouement, affection*, dont il faut savoir user à propos et quand il convient.

Respect. — Le respect est généralement dû à tous ceux qui ont une supériorité d'âge, de position ou de sexe, et aux étrangers avec lesquels on est peu familier.

Pour les lettres officielles, il y a des formules rigoureusement exigées par l'étiquette.

Ex. : *Je suis, avec le plus profond respect,*
Monsieur le Président,
votre très humble et très obéissant serviteur.

Je suis, avec le plus profond respect,
Monseigneur,
De Votre Grandeur,
le très humble et très obéissant serviteur..

Pour les autres supérieurs avec lesquels on est plus familier, on varie la formule qui exprime le respect.

Ex. : *Je vous prie d'agréer,*
Monsieur le Curé,
l'expression (l'hommage) de mon respect.

Ou, d'une manière un peu moins solennelle :

Daignez agréer, Monsieur le Curé, l'expression (l'hommage) de mon très profond respect.

On peut remplacer : *très profond respect*, par : *profond respect* ; ou encore, par : *respect*, ou par quelques mots équivalents : *respectueux hommages, profonde vénération, parfaite soumission.*

Agréez l'hommage de mon respect, l'expression de mes sentiments respectueux, est une formule toujours bien accueillie et qui convient à beaucoup de personnes.

Des trois mots : *assurance, expression, hommage*, c'est le dernier qui est le plus respectueux.

Considération. — Ce mot appartient aux souscriptions officielles ; il convient aux personnes peu connues, avec lesquelles on a des relations d'affaires.

J'ai l'honneur d'être, avec la plus respectueuse considération,

Monsieur le Préfet,

votre très humble serviteur.

Daignez agréer, Monsieur, l'assurance, (l'expression, l'hommage) de ma respectueuse considération (de ma haute considération, de ma considération la plus distinguée).

Le mot *considération* ne s'emploie que quand la personne qui écrit et celle qui reçoit la lettre ont une certaine position sociale. Les jeunes gens ne parlent pas de leur considération, qui est encore trop peu de chose.

Estime. — Ce mot sert aux personnes d'un rang élevé écrivant à des inférieurs; ou encore, à des gens de condition moyenne qui s'écrivent pour affaires.

Je suis avec la plus haute estime,

Monsieur,

votre dévoué serviteur.

Daignez agréer, Monsieur, l'assurance de mes sentiments de haute estime.

Affection. Dévouement. — Entre parents, entre amis, entre confrères, de supérieur à inférieur, on se sert des mots : *affection* ou *dévouement*.

— *Daignez agréer, Monsieur, ma sincère affection (mon profond attachement, ma cordiale amitié).*

— *Je vous prie d'agréer mon entier dévouement, mon respectueux dévouement.*

Ou encore :

— *Recevez, cher Monsieur, l'assurance de mes meilleurs sentiments.*

— *Daignez, je vous prie, Monsieur, recevoir l'expression de mes sentiments affectueux et dévoués.*

— *Veuillez recevoir, Monsieur, l'expression de toute ma sympathie.*

Les formules familières sont plus faciles à varier ; généralement elles sont courtes. Avec un ami, toute expression affectueuse est de mise ; la plus originale est souvent la meilleure.

Agréez l'assurance de mes plus affectueux sentiments.

Adieu, mon cher Ami, vous connaissez mon dévouement pour vous.

Agréez l'assurance de ma vive et sincère amitié.

Adieu, cher Ami, croyez à mon vif et affectueux dévouement.

Je vous serre amicalement la main.

Tout à vous. — Votre vieil ami.

Je vous embrasse comme je vous aime.

Votre tout dévoué, etc.

Je t'aime à tort et à travers (Henri IV à Sully).

Les lettres aux fournisseurs, aux ouvriers, aux domestiques causent assez d'ennuis ; on ne sait comment les terminer. Il est souvent avantageux de leur donner la forme de billet.

— *Monsieur X. prie Monsieur Z. d'avoir l'obligeance de lui envoyer, le plus tôt possible, la commande du 15 courant.*

Remerciements et parfaite considération.

— *Monsieur X. prie Monsieur Z. de venir, sans manquer, chez lui, demain matin, pour réparer la toiture. — Merci d'avance.*

Les lettres aux inférieurs doivent toujours être polies et aussi bienveillantes que possible.

On ne dit pas : *Envoyez-moi telle chose*; *Faites ceci* ; *exécutez cela ;* mais : *Je vous prie de m'envoyer telle chose, de vouloir bien m'envoyer telle chose. — Veuillez, je vous prie, faire telle chose. — Vous m'obligeriez en exécutant promptement ce travail.*

— *Je vous prie de m'envoyer le plus tôt possible la paire de bottines que je vous ai commandée, j'en ai un besoin pressant. Je vous remercie d'avance et je vous prie de recevoir mes salutations ;* ou bien : *Je vous prie d'être assuré de ma parfaite considération.*

— *Je regrette, Monsieur, d'avoir à vous rendre la marchandise que vous venez de m'envoyer ; elle n'est pas conforme à la demande. Vous voudrez bien, je vous prie, réparer cette erreur involontaire.*

Recevez, Monsieur, l'assurance de ma parfaite considération.

Quand on s'adresse aux domestiques, la nuance est encore, pour ainsi dire, plus délicate ; elle varie suivant qu'on s'adresse à un nouveau-venu ou à un vieux serviteur dont le dévouement mérite des égards.

Prière à Jacques de préparer la voiture pour telle heure. — Merci.

Veuillez, mon bon Joseph, préparer la voiture pour telle heure. — Merci, mon bon Joseph, à bientôt.

Billet. Carte postale.

Le billet étant une courte lettre est soumis à toutes les règles de la lettre ordinaire.

Entre parents, entre amis intimes, quand on a une affaire pressante et qu'on a peu de chose à se dire, on peut employer *le billet* ou *la carte-lettre.* — Cette dernière est très commode parce qu'elle offre, tout à la fois, le papier, l'enveloppe et l'affranchissement.

Pour demander un objet ou un renseignement à un négociant, on utilise avec avantage la carte postale.

On ne l'emploie jamais pour écrire à un supérieur, ou pour communiquer à une personne quelconque des choses confidentielles. Il est interdit d'écrire du côté de l'adresse.

Invitations.

La forme des invitations varie avec les différentes personnes; mais elle est toujours simple, courte, aimable et respectueuse. La grande habileté consiste à savoir saisir les nuances et à les garder.

Les mots *respect* et *honneur* y sont toujours bien à leur place. — Dans l'intimité, on remplace *honneur* par *plaisir*. Obligé de refuser une invitation, on *n'offre pas des excuses, mais on exprime des regrets*.

Quand les invitations se font sur une carte de visite, on emploie la troisième personne.

M. X. et Mme Z. prient M. Y. de leur faire l'honneur d'assister à la soirée qu'ils donneront le... On fera de la musique.

M. Y. offre à M. X. et à Mme Z. l'expression de ses sentiments respectueux et les remercie de leur aimable invitation à laquelle il aura l'honneur de se rendre.

M. Y. remercie M. X. et Mme Z. de leur aimable invitation. Il regrette qu'un voyage nécessaire l'empêche de s'y rendre et les prie d'agréer l'expression de son profond respect.

———

BAPTÊME

A la naissance d'un enfant, le père avertit les parents et les amis de la famille par une visite ou par une lettre; ceux-ci répondent de la même manière.

Après avoir choisi le parrain et la marraine, on fixe le jour du baptême à une date qui, d'après les prescriptions de l'Eglise, ne doit pas être trop éloignée.

Sauf des cas particuliers, le père du mari et la mère de la jeune femme sont parrain et marraine du premier-né. Pour un second enfant, ce droit revient au père de la jeune femme et à la mère du mari.

Il est permis de refuser d'être parrain, cet honneur imposant de grandes obligations et des dépenses relativement considérables. Personne n'a le droit de s'offenser d'un tel refus. D'ailleurs, il est facile de trouver des raisons polies qui empêchent d'accepter cette responsabilité.

Le parrain se charge de tous les frais d'église. Au prêtre officiant, il offre une boîte de dragées dans laquelle il glisse une pièce d'or ou d'argent; et il dépose, à la sacristie, avec indication, une certaine somme pliée dans du papier pour les servants et le carillonneur.

La quantité de dragées que doit donner un parrain dépend de sa situation de fortune et de la somme dont il peut disposer : six ou douze boîtes à la mère de l'enfant, autant à la marraine. Ces boîtes, d'un goût sobre, sans excentricité, sont grandes ou de moyenne taille, avec faveur *rose* pour un garçon et *bleue* pour une fille. Elles sont envoyées la veille ou le matin du jour du baptême.

Aux dragées, qui doivent toujours être de bonne qualité, le parrain ajoute, pour la mère de l'enfant, un cadeau convenablement choisi; et, pour la marraine, un souvenir de bon goût, une boîte de gants et un bouquet. Il donne les premiers jouets à son filleul et des étrennes à la nourrice.

Dans quelques contrées, il est d'usage que le parrain jette des dragées et de la menue monnaie aux pauvres et aux enfants rencontrés sur le parcours.

Au jour fixé pour le baptême, le parrain va, le plus souvent en voiture, chercher la marraine pour la conduire à la maison du nouveau-né, puis à l'église.

Pendant la cérémonie, le parrain se tient à droite de l'enfant, la marraine à gauche; ils récitent ensemble le *Pater* et le *Credo*, et répondent, au nom de l'enfant, aux questions du prêtre. Ils se dégantent pour étendre, au moment de l'exorcisme, leur main droite sur la tête du nouveau-né. Après les dernières prières, ils se rendent à la sacristie pour signer l'acte de baptême. Le parrain ne prend la plume qu'après la marraine.

A la rentrée comme à la sortie de l'église, le parrain et la marraine marchent les premiers. Viennent ensuite : la nourrice et l'enfant, le père et les autres invités.

Au retour, un repas de famille, très joyeux mais sans grand apparat, est offert aux parents et aux intimes. Le parrain et la marraine occupent les places d'honneur, l'un à côté de l'autre, au centre de la table; ou bien l'un en face de l'autre, à la place des maîtres de la maison. Les dragées figurent au dessert.

Les serviteurs et les pauvres ne doivent pas être oubliés ; on les fait participer à la joie de ce jour par quelques largesses.

A la campagne, le baptême passe moins inaperçu qu'en ville : il est plus joyeux, plus populaire et plus solennel.

Il est assez d'usage que les parents et les amis fassent un cadeau au nouveau-né.

Quinze jours environ après le baptême, le père annonce à ses amis et connaissances, l'heureuse naissance de son enfant et les noms qu'on lui a donnés.

Il ne faut pas chercher dans le calendrier les noms les plus bizarres et en prendre une liste interminable. Parmi les noms choisis doit se trouver celui du parrain ou de la marraine.

Monsieur et Madame X., ont la joie de vous faire part de l'heureuse naissance de leur fils, qui a reçu au baptême le nom de Jean, le 19e jour de novembre.

On répond à une lettre de faire part de naissance par une lettre de félicitations, ou par une simple carte, suivant le degré d'intimité.

PREMIÈRE COMMUNION

Cette fête, essentiellement religieuse, est la plus belle de toute la vie. Il faut éviter de lui donner un caractère mondain et de troubler le recueillement de l'enfant par des visites nombreuses, ou de toute autre manière.

L'heureux enfant doit passer les derniers jours de sa préparation dans une sainte retraite, uniquement préoccupé de la grande action qu'il va faire.

Ce n'est pas le moment d'exciter dans son cœur des sentiments de vanité, par une toilette prétentieuse ou trop recherchée. La simplicité est toujours ce qu'il y a de plus distingué ; elle rend l'enfance plus aimable encore, s'il est possible.

Les proches parents sont seuls invités à cette fête, qui doit s'écouler dans la plus grande intimité. Le repas qui se donne en cette occasion est un repas de famille, fin, délicat, mais modeste. A cause de la cérémonie du soir, le vin ne doit pas être trop capiteux, ni trop abondant.

L'enfant reste à l'église ou en famille pendant toute la durée de ce beau jour ; on ne le conduit pas en visite et on ne le promène pas dans les rues.

Les vacances données à l'occasion de la première communion doivent être occupées par des plaisirs doux et tranquilles : visites à des sanctuaires renommés, à des parents habitant la campagne, à l'ecclésiastique qui a préparé à la réception du divin sacrement.

Dans cette dernière visite, les parents de l'enfant offrent au prêtre, avec leurs remerciements, un cadeau en rapport avec leur situation de fortune. On peut donner : à un jeune vicaire, un ouvrage de théologie ; à un prêtre plus âgé, un objet d'art ; à un curé de campagne peu fortuné, un objet utile : fauteuil, service de table, prie-Dieu.

L'usage se répand de plus en plus que l'enfant offre un souvenir de ce grand jour à ses parents et à ses jeunes amis. Ce souvenir est, le plus souvent, un petit livre magnifiquement relié ou une image symbolique. On remercie par lettre ou par carte.

A l'occasion de leur première communion, les enfants reçoivent des présents de leurs parents et des amis de leur famille. Ces cadeaux sont ordinairement des objets pieux : images, médailles, chapelets, livres de piété. Tout ce qui est luxe ou frivolité est de mauvais goût en cette occasion et doit être proscrit.

MARIAGE

Au jour fixé pour la cérémonie du mariage, des voitures, louées pour la journée, vont prendre les invités qui doivent faire partie du cortège, pour les conduire au domicile de la mariée. Là, ils attendent, au salon, le moment du départ pour l'église.

Les jeunes mariés et leurs parents prennent place dans les deux premières voitures; les témoins, dans la troisième; et, dans les suivantes, les autres invités, dans un ordre déterminé par le garçon d'honneur.

Les personnes qui ne font pas partie du cortège se rendent à l'église avant l'arrivée des jeunes époux. Les connaissances du mari se placent à droite; celles de la mariée, à gauche, et celles qui ont des relations avec les deux familles, du côté de la mariée. Les retardataires se mettent où il y a le moins de monde.

On se tient debout pendant que les époux et leurs proches parents vont prendre place dans le chœur et on conserve, durant toute la cérémonie, une tenue digne et recueillie. C'est manquer gravement aux convenances et au respect qu'on doit à Dieu et à la famille que de parler, de rire ou de plaisanter pendant une messe de mariage.

Lorsque l'office est terminé, on se rend à la sacristie pour complimenter les époux et signer l'acte de mariage, si l'on y est invité. C'est la seule occasion où il soit permis de donner le bras à une dame, dans une église.

Les parents du mari se placent à sa droite et ceux de la mariée, à la gauche de leur fille. Les compliments sont courts : une poignée de main et quelques bonnes paroles.

Après ces félicitations, les invités rentrent à l'église, et ils restent debout à leurs places pendant le défilé du cortège.

Les jeunes époux montent dans la première voiture avec les parents du mari ; puis viennent le père et la mère de la jeune mariée, les témoins et les invités.

Si l'on donne un grand dîner, le maître de la maison conserve, à table, sa place ordinaire, et fait asseoir sa fille à sa droite ; le gendre se met à côté de sa belle-mère. Quelquefois les jeunes époux sont assis l'un à côté de l'autre, à la place d'honneur, et les parents leur font face.

Souvent on chante au dessert, et l'on porte la santé des jeunes mariés. Ils sont dispensés de répondre. Les pères remercient pour eux.

C'est huit jours après la célébration du mariage que les lettres de faire part sont envoyées à ceux qui n'ont pas été invités pour cause d'éloignement.

On répond à ces lettres dans les trois ou quatre jours qui suivent, soit par une carte, soit par une lettre fermée.

Les conviés à une messe de mariage doivent, dans la quinzaine qui suit la cérémonie, une visite de félicitations à la famille ou une simple carte, suivant le degré d'intimité.

Les jeunes mariés ne font leurs visites de

noces qu'après s'être installés dans leur nouvelle demeure; ils n'oublient pas ceux qui leur ont fait un cadeau, bien qu'ils aient déjà remercié par lettre ou de vive voix. Ces visites leur sont rendues dans la quinzaine qui suit et même plus tard.

Les parents, les amis intimes font, avant le mariage, un présent aux fiancés. Il doit être choisi avec soin. Il serait avantageux de pouvoir s'entendre entre donateurs pour ne pas répéter le même objet trois ou quatre fois.

A l'occasion de son mariage, le fiancé offre un cadeau à la personne qui a servi d'intermédiaire, aux garçons d'honneur, ainsi qu'aux frères et aux sœurs de sa fiancée.

Le plus souvent, les invités aux noces rendent un dîner, qu'on appelle *rendu de noces* ou *retour de noces*, aux jeunes époux et à leurs parents.

FUNÉRAILLES — DEUIL

Lorsqu'un malade est en danger de mort, c'est un devoir de l'avertir de son état et de lui proposer de recevoir les derniers sacrements. S'il accepte, on prépare, avec calme et sans avoir l'air inquiet, tout ce qui est nécessaire pour la cérémonie.

Sur une table recouverte d'un linge blanc, on place deux flambeaux, quelques fleurs et un crucifix. On met encore un verre contenant de l'eau bénite et une branche de rameau bénit; puis une assiette avec quelques boules de coton et un morceau de mie de pain, ainsi qu'une cuvette, un pot à eau et une serviette.

Pendant toute la durée de l'administration du sacrement, il faut être attentif pour qu'il ne manque rien ni au malade, ni à l'officiant.

On reste auprès du moribond jusqu'à son dernier soupir; et, pendant l'agonie, on récite les prières prescrites par l'Eglise.

Quelques instants après le décès, on lui ferme les paupières et la bouche, et on étend ses membres avant qu'ils se raidissent. On fait ensuite la toilette du défunt suivant les usages du pays, sans oublier de mettre entre ses mains un christ ou un autre emblème religieux.

A côté du lit, sur une table recouverte d'une serviette, on place un crucifix entre deux cierges allumés, un verre contenant de l'eau bénite et un petit rameau. Après avoir mis en ordre la chambre mortuaire, on ferme les portes et les volets et on établit autour du mort un religieux silence; on parle bas et on marche doucement. Les jeunes enfants sont éloignés.

Quelques heures après le décès, le corps, renfermé dans la bière, est transporté au salon, tendu, au besoin, de draperies noires, et converti en chapelle ardente.

On adresse immédiatement une lettre de

faire part à toutes les connaissances du défunt, prenant bien garde de n'en point oublier. Pour cela, il est bon d'avoir, dans chaque famille, un registre sur lequel on inscrit le nom et l'adresse des personnes avec lesquelles on est en relation d'amitié ou d'affaires.

A la réception d'une lettre d'invitation à un convoi funèbre, les personnes trop éloignées et toutes celles qui, pour des raisons graves, ne peuvent assister aux funérailles, s'empressent d'envoyer, à la famille du défunt, une carte ou une lettre de condoléances, suivant le degré d'intimité.

Lorsqu'on se rend à un enterrement, il faut arriver à la maison mortuaire avant la levée du corps, pour jeter de l'eau bénite sur le cercueil et déposer sa carte cornée, soit dans une boîte, soit dans des coupes placées, à cet effet, sur une table.

On va ensuite au salon pour saluer les parents du défunt. Si on les connaît particulièrement, on leur serre la main et on leur adresse quelques paroles courtes et à voix basse. On peut prendre un siège ou rester debout, en attendant que la triste cérémonie commence. On manquerait gravement aux convenances, si l'on se permettait de parler à haute voix, même avec des intimes.

Pendant la levée du corps et pendant qu'on place le cercueil sur le corbillard, on doit se découvrir et garder le silence.

Lorsque le cortège se met en marche, les parents, en grand deuil, la tête nue, s'avancent les premiers; puis viennent les invités, en habits au moins sombres.

Par respect pour le mort et pour la douleur de la famille, il faut être grave et recueilli durant l'office et pendant qu'on suit le convoi. Qu'il est pénible d'entendre parler, rire et même plaisanter à quelques pas d'un cercueil!

Les intimes vont jusqu'au cimetière. Après les dernières prières, on laisse les parents du défunt s'éloigner les premiers pour aller se placer à la porte du cimetière. Là, les invités les saluent ou leur serrent la main une dernière fois.

Lorsque les funérailles ont lieu à la campagne, on indique, sur les lettres de faire part, les moyens de communication et les heures de départ des trains.

Après la cérémonie, on sert des rafraîchissements, et même un repas aux invités venus de loin. Quelle que soit la position des amphitryons, ce repas doit être simple et modeste. Il est bon de s'inspirer de ce qui se fait chez les paysans riches ou pauvres de certaine contrée, qui servent toujours le même menu: betteraves au lait, haricots au lait, fromage à la crème, eau ou cidre. Après ce frugal repas, celui qui a présidé la table récite la prière des morts.

Certaines personnes aiment à être entourées de leurs amis quand elles sont dans la tristesse ; d'autres, au contraire, recherchent la solitude. Il faut, suivant le cas, savoir abréger ou prolonger une visite de condoléances.

Les services de fin de mois ou d'anniversaire sont facultatifs ; les proches parents y sont seuls invités.

Ce n'est que quelques jours après le décès qu'on prend le deuil, pour ne pas laisser croire qu'on l'avait préparé d'avance et qu'on l'attendait. Cette marque d'affection et de douleur est portée plus ou moins longtemps ; il se divise en *grand deuil* et en *petit deuil.*

Le *grand deuil* exige les vêtements noirs et un large crêpe au chapeau. Les bijoux, même en bois durci, sont interdits.

Le *petit deuil* est moins sévère ; il admet les nuances grises et les boutons d'or.

Les réjouissances, les fêtes, les fleurs, les parfums doivent disparaître d'une maison où la mort a passé récemment.

Pendant toute la durée d'un grand deuil, on s'abstient des réunions nombreuses et de toute cérémonie qui a un caractère de fête. Si l'on est obligé d'assister à un mariage, par exemple, on ne va qu'à l'église.

Pendant les trois premiers mois du grand deuil, on ne rend aucune visite, pas même celles de condoléances ; ce n'est qu'à l'expiration de ce temps, qu'on reprend peu à peu les visites ordinaires.

Le papier à lettres, les enveloppes, les cartes de visite ont un cadre noir plus ou moins large ; la cire à cacheter est de couleur noire pendant toute la durée du deuil.

Cette durée varie avec le degré de parenté : pour une femme et un enfant, deux ans ; pour un père et une mère, un an ; pour un frère et une sœur, six mois ; pour un oncle et une tante, trois mois.

Chacune de ces périodes est divisée en deux parties égales de grand et de petit deuil.

Il est d'usage de ne pas quitter le deuil dès qu'il a pris fin ; certaines personnes le prolongent indéfiniment.

Le deuil étant une marque de respect autant que d'affection, le père et la mère peuvent se dispenser de porter le deuil de leur enfant : ce qu'ils ne font jamais.

Le deuil des beaux-parents se porte comme celui des parents.

Celui d'un cousin éloigné, d'un ami, nommé *deuil de courtoisie*, devrait plutôt être appelé *deuil de cœur*, car il n'est pas obligatoire.

USAGES SURANNÉS

La politesse, variable dans ses formes, a quelques règles et beaucoup d'exceptions. Des usages, considérés jadis comme obligatoires, sont maintenant complètement abandonnés. Parmi ces usages, ceux qui, loin de faire plaisir, causent de la peine et n'ont pas de raison d'exister, doivent disparaître pour toujours.

Le *rince-bouche* est de ce nombre. Il était désagréable de voir, à la fin d'un repas, des gens se nettoyer la bouche, se laver les mains, transformer la salle à manger en un cabinet de toilette.

Est-il nécessaire, comme on le faisait autrefois, d'envoyer un bouquet à une maîtresse de maison dont on a accepté l'invitation à dîner, et de donner, après le repas, une étrenne aux domestiques ?

Si le mouchoir est propre, pourquoi se tourner de côté ou faire attention à l'ourlet quand on se mouche ?

Ces coutumes, qui n'ont pas leur raison d'être, ont été justement abandonnées.

Il n'en est pas de même de certains usages que la mode ou le caprice voudrait faire disparaître.

Pourquoi, par exemple, ne pas écraser la coquille d'un œuf durant le repas ? Si, en desservant, cette coquille vient à rouler sur la table ou sur un convive, est-ce qu'on ne regrettera pas un accident qu'on aurait pu si facilement prévenir ?

Après avoir débouché une bouteille, un maître de maison en verse les premières gouttes dans son verre, pour ne pas s'exposer à donner aux convives des parcelles de cire ou de bouchon. — Peut-on le blâmer de cette attention délicate ?

Il ne faut pas abandonner, sans raison, les usages reçus, ni se soumettre aveuglément aux règles que certains désœuvrés excentriques cherchent à imposer : comme de tenir une canne le bout en l'air, par exemple ; ou de se démettre le coude en donnant une poignée de main.

Tout ce qui est trivial, bizarre, attire l'attention, est de mauvais goût et doit être évité.

Il faut tenir compte, dans toutes ses relations, des temps, des lieux et des personnes.

Celui qui ferait, comme au temps de Louis XIV, des révérences profondes, des saluts répétés, des compliments interminables, paraîtrait ridicule et provoquerait de nombreux sourires.

Un Français qui, suivant l'usage italien, monterait le premier dans sa propre voiture, manquerait gravement aux convenances.

Parler à un petit enfant avec autant de respect qu'à un magistrat, à un paysan illettré comme à un savant, à une dame comme à un militaire, serait tout à fait déplacé et souvent blessant.

La politesse demande beaucoup de tact. « *Ellé exige*, dit saint Jean-Baptiste de la Salle, *qu'on montre à tous, suivant les circonstances, des marques de respect, de sympathie ou d'affection.* »

Le Tact.

Le grand secret pour être aimable et poli, c'est d'avoir du tact.

Le tact est un espèce de toucher idéal, qui indique ce qu'on peut dire et ce qu'on doit taire ; ce qu'on peut faire et ce qu'il faut éviter.

Quand on a du tact, on saisit avec empressement l'occasion de faire plaisir, de dire une parole aimable, gracieuse, encourageante, de mettre un peu de baume sur une blessure.

C'est manquer de tact que de parler de la beauté d'un paysage devant un aveugle, des avantages de la fortune à un pauvre mendiant, « *de corde dans la maison d'un pendu* ».

Le tact donne de la valeur aux actions les plus communes. Saluer, présenter un objet, ouvrir une porte sont des choses bien ordinaires, qui demandent, pour être faites convenablement, du tact et de la délicatesse. « *Tout, en politesse, se résout par le tact*, » a dit un célèbre auteur.

C'est en fréquentant une société choisie, et en évitant les milieux d'où sont exclus l'urbanité, la distinction, le respect, qu'on acquiert cette précieuse qualité.

Veiller constamment sur soi, parler et agir avec prudence, se rendre compte de la portée de ses actes et de ses paroles, est une des premières conditions pour avoir du tact.

La seconde est de s'habituer à saisir, d'un coup d'œil rapide, ce qu'il faut dire et faire pour être agréable aux personnes avec lesquelles on vit, pour les tirer d'une situation délicate, pour leur faire accepter un compliment et même un reproche, pour être toujours bon, aimable, gracieux.

Avec du tact et un petit code de politesse raisonnable, fondé sur les principes du bon sens et l'expérience personnelle, un jeune homme ne sera jamais embarrassé. Il aura ce *savoir-faire*, souvent plus utile que le véritable savoir.

« *A de petites causes, sont souvent dus de grands effets.* »

Ce qui est de tous les temps.

La Bruyère nous dit : « *On peut définir l'esprit de politesse, mais on ne saurait en fixer la pratique. Elle suit les âges et les coutumes reçues; elle est attachée aux temps, aux lieux, aux personnes, et n'est point la même dans les deux sexes, ni dans les différentes conditions. L'esprit tout seul ne la fait pas deviner; elle fait qu'on la suit par imitation et qu'on s'y perfectionne.* »

S'il y a une politesse qui varie dans ses

formes, il y en a une autre, toute faite de complaisance et de bonté, qui est invariable, « *qui fait paraître au dehors ce que les hommes sont au dedans* », ou ce qu'ils devraient être.

Cette politesse repose sur ce principe divin que Notre-Seigneur a révélé au monde, il y a dix-neuf cents ans : « *Aimez-vous les uns les autres.* »

Celui qui aime véritablement son prochain, qui pratique l'aimable et divine charité, est l'homme le plus parfait du monde, même au point de vue de la politesse. Il sait réprimer les rudesses et les brusqueries de son caractère, mettre de la douceur dans sa voix, refouler le rire involontaire qui monte à ses lèvres en présence d'un être ridicule.

Il retient le mot vif et piquant qui peut blesser ; il garde le silence sur les défauts d'autrui que son œil bienveillant ne veut pas voir, et il mérite le beau titre « *d'avocat des absents* ».

La critique amère, la raillerie mordante, la moquerie cruelle, l'avilissante flatterie, la basse jalousie lui font horreur.

Il juge avec bonté, et c'est un bonheur pour lui, de donner la louange à qui la mérite.

Ami de ceux qui souffrent, il a du baume pour toutes les blessures, des consolations pour toutes les douleurs.

Etre bon et charitable envers le pauvre comme envers le riche, envers le faible comme envers le puissant, compatir à toutes les misères, à toutes les infortunes : voilà ce qui donne, dit la baronne de Staffe, « *l'élégance véritable, l'élégance morale, grâce à laquelle il est si facile de se familiariser avec celle des salons* ».

En réunissant la politesse du cœur à celle des manières, on gagne rapidement toutes les sympathies. « *Bienheureux ceux qui sont doux, car ils posséderont la terre.* »

QUELQUES PORTRAITS

Le Distrait. — L'étourdi est incapable de réfléchir ; le distrait est rêveur : il pense à autre chose. Les distractions de certains grands hommes sont restées célèbres. — Absorbés par le travail de la pensée, La Fontaine et Ampère semblaient être étrangers aux événements extérieurs, aux besoins matériels de la vie, aux convenances sociales : ils étaient préoccupés, mais non distraits.

Le distrait est celui qui apporte peu d'attention à ce qu'il dit ou à ce qu'il fait. Sa vie est comme un rêve ; ses idées n'ont pas de suite : il pense à autre chose.

Joseph étudie sa leçon ; il paraît plongé dans l'étude ; vous l'interrogez, il semble sortir d'un demi-sommeil. Au lieu d'étudier, il bâtissait des châteaux en Espagne. Quand vous lui parlez d'une chose, il répond par une autre. Un jour, son professeur, après explications, lui demande de définir la sciatique. « *C'est une ville de la Suisse,* » répond Joseph, dont l'esprit était probablement en voyage.

Le distrait n'écoute pas ce que vous lui dites ; aussi fait-il souvent des coq-à-l'âne. On discute sur l'importance d'une maison de commerce ; on lui demande son avis : il dit que les fonds turcs sont à la baisse, mais qu'ils ne tarderont pas à remonter.

Sa distraction continuelle le rend insupportable et le fait passer pour un sot ou pour un impertinent. Ce rêveur, qui ne peut être maître de son esprit ni chasser la distraction, est incapable de faire des études sérieuses, de mener à bonne fin une entreprise quelconque. C'est surtout l'attention qui fait les belles intelligences, les jugements solides, les hommes de valeur.

« *On pourrait presque affirmer*, dit Paul Janet, *que la différence capitale des esprits résulte des divers degrés d'attention dont les hommes sont capables.* »

Le Bavard. — La langue est tout ce qu'il y a de pire au monde. C'est par elle qu'on ment, qu'on médit, qu'on critique, qu'on raille, qu'on calomnie, qu'on assassine moralement. « *On se repent souvent de trop parler*, dit La Bruyère, *et rarement de parler peu.* »

Le bavard est un être mixte, qui tient de l'indiscret et de la portière. Il n'est ni méchant, ni vaniteux. Il ne vise pas même à la réputation de beau parleur. C'est un malade qui a besoin d'ouvrir la bouche, de remuer la langue, de parler sans cesse.

Il ne s'agit pas, pour lui, de dire quelque chose d'intéressant, de sensé ou de raisonnable ; mais de faire entendre sa voix, de dire n'importe quoi. — « *Parle, parle*, disait un bavard à son fils, *dis des bêtises si tu veux, mais parle.* »

Le bavard parle de tout, sans règle ni mesure, sans tenir compte des personnes, de leur situation, de leurs goûts, de leurs opinions. Il raconte une histoire plaisante à un ami qui pleure; le menu d'un grand dîner à de pauvres gens; il parle des avantages de la santé à une personne malade. Il est indiscret et fait des questions saugrenues à des personnes qu'il connaît à peine.

« *Quelle est donc*, disait un bavard à un de ses voisins qu'il n'avait jamais vu, *cette grosse tr... qui est à côté de la reine ?* » — « *C'est ma mère*, répondit l'inconnu, *et je suis son petit, l'ambassadeur de Suède.* »

Pour satisfaire ce besoin de parler, il se met au courant de toutes les nouvelles, de toutes les histoires de son quartier, de sa ville, de sa province. Personne ne les connaît mieux que lui, pas même son concierge. Il les raconte avec un luxe de détails qui les rend interminables.

Comment, dans ce déluge de paroles, ne se glisserait-il pas des imprudences, des indiscrétions, des médisances, des calomnies ?...

Par son intempérance de langue, le bavard n'est pas seulement l'être le plus ennuyeux et le plus insupportable qui soit au monde ; c'est encore le plus dangereux. Sans le vouloir, il compromet souvent les plus graves intérêts et se compromet lui-même.

Pour se corriger de ce vilain défaut, il ferait bien de méditer, de temps en temps, cette maxime de Sancho Pança : « *Trop parler nuit* » ; et cette autre de l'Ecclésiaste : « *L'insensé même passe pour sage, lorsqu'il se tait.* »

L'Etourdi.— L'étourdi n'est pas méchant ; il est léger, inattentif.

Incapable de se fixer à quelque chose de sérieux, il se laisse entraîner par une imagination volage et capricieuse. — Comme le papillon, il voltige sans cesse et ne butine jamais.

Il ne réfléchit pas ; il ne prend pas garde à ce qu'il dit, parle quand il ne faudrait pas, et raconte ce qu'il devrait taire.

Soit qu'il parle, soit qu'il agisse, il ne tient compte ni des temps, ni des lieux, ni des personnes. — Pour tenir compte de tout cela, il faudrait réfléchir ; or, l'étourdi en est incapable.

Son manque de réflexion l'expose à bien des dangers ; il va où la prudence ne lui permet pas d'aller.

Il n'a pas d'ordre : il place ses objets n'importe où, et perd un temps considérable à les chercher.

A table, il renverse les salières, les verres, salit la nappe et fait cent autres maladresses.

En visite, il prend la première place, ne fait pas attention à ce qu'il dit, passe devant une personne sans lui présenter ses excuses, lui marche sur le pied, renverse un guéridon, etc.

L'étourdi n'est pas méchant, et cependant, on le redoute ; car, par son inattention, il provoque beaucoup d'ennuis et une foule de petits accidents. S'il était plus poli, il veillerait davantage sur lui-même et se rendrait ainsi plus aimable.

Monsieur Tranquille. — Monsieur Tranquille a des joues larges et bouffies, un menton charnu, une peau lisse, des cheveux blonds et des yeux ternes.

Sa démarche est indolente ; son sommeil, long et profond.

Il parle lentement, agit lentement, ne se presse jamais et arrive toujours en retard. Son esprit est lourd ; sa mémoire faible ; son imagination peu ardente ; son jugement assez sûr.

Rien ne semble l'étonner ou l'émouvoir. Il verrait le ciel prêt à tomber sur sa tête qu'il ne ferait pas un pas pour l'éviter.

Il est lent à se mettre en colère et facile à apaiser. Lorsqu'il est surexcité, ce qui est rare, sa fureur est extrême, mais de courte durée.

Il est modeste, économe, parcimonieux. Peu sensible à l'ambition, à l'honneur, à la gloire, il recherche avant tout ses aises et son repos. Il ne redoute que ce qui peut troubler sa douce quiétude. C'est Monsieur Tranquille.

Tout en évitant la turbulence inquiète, qui ne laisse de repos à personne, il ne faut pas s'isoler, ne vivre que pour soi, paraître indifférent aux événements heureux ou malheureux qui peuvent arriver à nos amis, à nos parents, à notre pays.

Le Timide. — Le timide a peur, il n'a pas confiance en lui et craint de faire la plus petite démarche.

Dans l'intimité, il est aimable, gracieux; sa conversation est intéressante, ses appréciations sont judicieuses. En présence des étrangers, il est gêné, ose à peine lever les yeux ; ses lèvres tremblent, sa parole est embarrassée, ses idées se brouillent.

S'il passe un examen, la mémoire lui fait défaut, il est incapable de conduire un raisonnement, de chercher une solution : la peur paralyse tous ses moyens. L'examinateur lui parle; il ne l'entend pas, il répond à côté.

Il peut être bon, avoir la politesse du cœur; mais la timidité l'empêche d'en manifester les sentiments ; elle le rend guindé et maladroit. Saluer, se présenter dans un salon, dire une parole gracieuse, aborder un inconnu, tout le fatigue et l'ennuie ; les plus petits incidents lui causent de véritables tourments. Il croit que tous les yeux sont fixés sur lui ; il n'ose ni parler, ni se mouvoir.

La timidité est un vilain défaut ; et cependant, il vaut mieux être timide qu'arrogant.

La timidité peut voiler l'intelligence et la bonté, tandis que l'outrecuidance ne parvient jamais à cacher la sottise.

La fréquentation de la bonne compagnie diminue l'impressionnabilité et transforme rapidement la timidité, fille de la modestie, en aisance gracieuse, surtout si l'on parvient à s'oublier soi-même et à n'avoir qu'une seule préoccupation, celle de faire plaisir à autrui.

L'oubli de soi donne en peu de temps *l'assurance modeste*, qui rend le jeune homme maître de toutes ses facultés, lui permet de parler et d'agir avec aisance et lui donne un avantage immense sur les timides, que la peur paralyse, et sur les arrogants, qui n'ont d'influence que sur les ignorants et les sots.

Monsieur a des nerfs. — La constitution nerveuse, la plus regrettable de toutes, devient, au dire des hygiénistes, très fréquente; et les maladies de nerfs, si pénibles et si difficiles à guérir, sont de plus en plus nombreuses (1).

---

(1) RÉGIME D'UNE PERSONNE NERVEUSE. — *Choses permises* : viandes blanches, œufs, poissons, lait, pommes de terre, légumes verts, salade, fruits mûrs, fromages frais, eau rougie, ou mieux, de la bière.

Choses défendues : Condiments ou épices, légumes secs ou féculents, choux, ails ou oignons, gibier à chair noire, vin pur, cognac, liqueurs et café.

« L'alimentation est un moyen puissant pour modifier sa constitution. » (BELLOUINO.)

Les individus chez lesquels le système nerveux domine ont le corps grêle, les membres minces, presque atrophiés, les gestes et le langage d'une extrême vivacité. L'immobilité les tue : ils ne peuvent rester en place; ils ont un impérieux besoin de mouvement.

Ils ont peu d'appétit, un sommeil léger souvent troublé par des rêves fantastiques. Grâce à une grande lucidité d'esprit, à une puissante imagination, ils ont beaucoup d'aptitude pour les arts et les sciences.

Inconstants et fantasques, ils recherchent sans cesse de nouvelles émotions et sont incapables de jouir longtemps du même bonheur. Jaloux, soupçonneux et défiants, ils croient toujours qu'on les trompe; quinteux et difficiles, ils sont rarement heureux, et, rarement aussi, ils font le bonheur des autres.

Quelle que soit sa constitution, l'homme ne doit pas oublier qu'il peut toujours se dominer, se montrer aimable, poli, et mettre son bonheur à faire celui des autres.

A cœur fort et vaillant, il n'est rien d'impossible

. . . .

Le Susceptible. — Le susceptible est un être insupportable; il souffre et fait souffrir ceux qui l'entourent. Toujours inquiet, il se demande si on va lui rendre les honneurs qui lui sont dus, si on lui donnera la place convenable, le salut auquel il a droit, etc.

Esprit étroit, mesquin, plein de lui-même,

il ne tolère pas le plus petit oubli, le plus petit manque d'égards. Une parole, un sourire, un geste le blessent.

Si votre regard n'a pas été assez bienveillant, votre inclination assez profonde, si vous l'avez froissé en quoi que ce soit, il vous le fera sentir sans tarder. Il n'épargnera rien pour vous faire savoir que vous l'avez blessé ; il vous accablera de reproches amers, ou bien se renfermera dans un silence affecté, boudeur, qui durera longtemps.

Le susceptible, qui est si exigeant pour les autres, croit que tout lui est permis ; aussi ne se gêne-t-il en rien.

Qu'il est pénible de vivre avec un homme qui réclame, pour lui, tous les égards et ne fait de concessions à personne ; qui ne veut que des louanges, des approbations et n'en accorde jamais aucune ; qui se permet de tout examiner, de tout critiquer et n'entend pas qu'on blâme sa conduite ; qui ne peut souffrir les défauts d'autrui et veut, qu'en tout, « *on le prenne tel qu'il est !* »

Avec lui point d'abandon, point d'entrain, de gaîté. On craint de le peiner même en cherchant à lui faire plaisir.

Un homme bien élevé n'est pas susceptible. Toujours indulgent, il interprète favorablement les paroles et les actions d'autrui ; il excuse les torts qu'on peut avoir à son égard et il les attribue à l'étourderie, à l'ignorance, à l'oubli, plutôt qu'à la malice ou à la méchanceté.

Lorsqu'il est offensé, il sait pardonner. Il ne s'entête pas dans une haine orgueilleuse et dans un ressentiment vindicatif.

Son cœur, grand et généreux, se venge noblement en faisant du bien à ceux qui lui ont fait du mal.

« *Celui qui a dit le premier : « Rendez le bien pour le mal, » n'était pas seulement un grand maître en morale, c'était aussi un grand maître en savoir-vivre, et tenez pour certain que, dans les rapports journaliers de l'existence, il était d'une politesse exquise.* » (Baronne de Staffe.)

Le Jeune Homme mal élevé. — Le jeune homme mal élevé se reconnaît aux deux caractères suivants : *fatuité et insolence.* Dans son sot orgueil, il se croit un être supérieur et n'a d'estime que pour lui-même.

Exclusivement préoccupé de sa personne et de ses plaisirs, il est sans respect pour l'âge, le sexe et le rang. C'est le parfait égoïste.

Il suit les modes excentriques. Sa tenue est un mélange de désordre, de négligence et de mauvais goût. Il orne sa boutonnière d'une fleur voyante ou bien il laisse échapper de sa poche un bout de foulard rouge, pour essayer d'avoir une petite ressemblance avec les membres de la légion d'honneur.

Il répand une forte odeur de parfumerie qui, mêlée à celle du tabac, le fait distinguer à distance.

Lorsqu'il paraît dans la rue ou sur la place publique, le chapeau de côté, le monocle à l'œil, le cigare aux dents, il s'imagine que tout le monde le regarde et l'admire. Aussi, c'est avec un air de grande suffisance qu'il fait tournoyer sa badine et qu'il laisse échapper du coin des lèvres des jets intermittents de fumée.

Il coudoie les passants, les regarde avec insolence, oblige les femmes et les vieillards à descendre du trottoir.

S'il est avec un « *copain* », ils se tiennent bras dessus bras dessous, marchent comme des gens avinés, « *fredonnant avec fantaisie des refrains grivois ou improvisant d'un air savant quelque vocalise avec des prétentions d'artiste.* » (NICOLAY.)

Dans ce monde-là, on ne cause pas, on « *blague* » ; on ne rit pas, on « *rigole* » ; on ne s'amuse pas, on « *chahute* ». On ne respecte pas plus la langue française que les convenances.

En visite, le jeune homme mal élevé entre bruyamment, parle haut, « *bredouille des vanités et des sottises, et il n'est pas assis que déjà il a désobligé tout le monde* ». (LA BRUYÈRE.)

La bonne compagnie le gêne ; il n'a que faire des charmes délicats qu'offre le commerce des personnes bien élevées ; il lui faut un milieu moins noble, moins digne, plus en rapport avec ses goûts dépravés.

Il fréquente les brasseries, les théâtres de bas étage, où il se fait remarquer par sa grossièreté, son insolence et ses récriminations contre l'ordre moral.

On ne s'amuse pas sans argent ; pour en obtenir, il ment et raconte à ses parents les histoires les plus fantaisistes.

Il s'entoure de parasites, qui vivent à ses dépens et qui exercent sur lui une véritable tyrannie. Pour les satisfaire, pour payer leurs folles dépenses et les siennes, il fait des dettes. Si les parents refusent d'acquitter les factures du désordre et de la débauche, le jeune homme mal élevé, sans respect pour ceux qui se sont sacrifiés pour lui, se plaint, se fâche, insulte et menace.

— « *Si vous ne m'envoyez pas telle somme*, écrivait un étudiant à son père, *je vais me suicider.* »

— « *Je ne puis faire qu'une chose*, répondit le père : *payer ton retour en troisième pour que tu viennes travailler avec nous, gagner le pain de chaque jour.* » — Le jeune homme insiste, le père reste inflexible ; l'étudiant, obligé de renoncer à ses plaisirs, se met au travail et obtient des succès. La fermeté du père avait sauvé l'avenir du fils.

Sans respect pour lui-même, sans égard pour ceux qui l'entourent, dur envers ses parents, le jeune homme *qui s'amuse* ne tarde pas à oublier le Dieu de sa jeunesse, le Dieu de sa première communion. — Le libreviveur devient rapidement un libre-penseur. Et alors!

Sans frein, sans retenue, il descend de dégradation en dégradation jusqu'au fond de l'abîme. « *Le jeune homme était devenu serpent, et son hideux compagnon lui disait :* « *Je veux que tu rampes.* » (L'*Enfer*, chant xxv) « *A la fleur de l'âge, il porte déjà les flétrissures du temps, et, le front chargé de rides précoces, les yeux caves, les lèvres impuissantes à peindre la bonté, il traîne, sous un soleil tout jeune, une existence caduque. Il s'en va pris du vin de la mort, et, d'un pied méprisé, porter son corps au tombeau où ses vices dormiront avec lui et déshonoreront sa cendre jusqu'au dernier des jours.* » (LACORDAIRE.) — Pauvre jeune homme! Malheureux parents!

Monsieur Sans-Gêne. — Monsieur Sans-Gêne est un homme grossier, sans éducation, sans dignité, sans délicatesse, qui ne tient aucun compte des usages reçus, des convenances sociales et qui s'en vante.

Il a généralement le visage épanoui, les yeux grands ouverts, un air fait de familiarité et d'effronterie. Il recherche les plaisirs grossiers et affecte un grand mépris pour tout ce qui est délicat. « *Dans l'homme*, dit Pascal, *il y a de l'ange et de la bête* » : chez lui, la bête domine.

Sa propreté est loin d'être irréprochable.

Ses cheveux longs et mal peignés, ses dents noires et sales, ses ongles en deuil, sa barbe négligée lui donnent un aspect repoussant. Il porte un chapeau usé et déformé, des souliers crottés, des habits froissés, couverts de taches et souvent déchirés. Son linge de corps est d'une propreté douteuse.

En le voyant, on se rappelle involontairement « *que la malpropreté est un signe certain de la bassesse des goûts, sinon du défaut de conduite.* »

Il prise ou il fume, et répand une odeur désagréable où domine celle du tabac. Il crache loin, se mouche sans précaution, bâille à bouche déployée, éternue bruyamment, ne se gêne en rien.

Grand amateur de bonne chère, Monsieur Sans-Gêne arrive au moment des repas et se fait inviter. Il dévore les plats du regard et mange avec avidité.

S'il mange bien, il boit mieux encore. Il vide souvent son verre, dans lequel il ne met jamais d'eau. Après quelques rasades, il devient très communicatif. Il parle à haute voix, rit aux éclats et entonne volontiers des chants qui blessent tout à la fois les oreilles et les convenances.

Son langage, de la dernière trivialité, se ressent du boulevard, des halles et de la caserne : « *Le père un tel, c'est une rosse ; vous vous f... de ma fiole ;* avec beaucoup de b..., d'f..., et autres expressions grossières.

Les histoires grotesques qu'il raconte sont pleines de calembours stupides, de paroles libres ou à peines décentes, de phrases incorrectes et de vilaines citations.

Il fait le farceur, le paillasse, le bouffon; il cherche surtout à provoquer le gros rire, le rire niais et stupide.

Insupportable aux gens bien élevés, Monsieur Sans-Gêne fait les délices des hommes grossiers, des imbéciles et des sots.

Le Médiocre. — « Dans son égoïsme jaloux, plus ou moins inconscient, le Médiocre trouve tout naturel, si vous avez quelques centimètres de plus que lui, que vous vous abaissiez à son niveau. Vous devrez vous faire pardonner votre supériorité, comme si elle était une faute ; autrement malheur à vous ! vous souffrirez... Le Médiocre ne vous donnera jamais ce qu'il a — il est vrai qu'il n'a pas grand'chose, — mais il ne demandera qu'à partager, comme un bien qui lui est dû, tout ce que vous avez de bon. Par contre, il vous mettra volontiers sur les épaules, la moitié de son fardeau, en vous laissant porter seul tout le vôtre. Il ne croit d'ailleurs que vous peinez autant que lui, que quand votre tâche est le double de la sienne. Placez-le au pouvoir, — ce n'est pas une hypothèse chimérique, — il devient autoritaire et cassant. Il ne dirige pas, il surveille ; il ne juge pas, il présume ; vous n'avez que les intentions qu'il vous prête, et il se trompe en vous les prêtant ; il ne parle pas, il jure et injurie ; il ne redresse pas, il éreinte ; il n'écoute rien et ne décolère jamais, soupçonneux comme un policier et arrogant comme un soudard. » *(Panégyrique de saint Jean-Baptiste de la Salle.)* (R. P. ETOURNEAU.)

Peut-être, qu'en lisant ces lignes, quelque médiocre, aveuglé par l'amour-propre, se dira : « Je ne suis pas dans cette catégorie ; il y a là des traits qui ne sont pas les miens ; ainsi, je n'ai pas l'arrogance d'un soudard, je suis bien plus modeste. »

Singulière modestie que celle de ce médiocre, qui porte sur tout et sur tous, les jugement les plus sévères, et qui cherche à se grandir en abaissant les autres !...

Devant ce censeur impitoyable, personne ne trouve grâce ; et il ose croire qu'il n'est pas arrogant, parce qu'il n'a pas *toujours* le ton dur et cassant du soudard ! Quelle aberration ! !

Le Divin Modèle. — « On voit à présent, en Judée, un homme d'une vertu singulière. Sa taille est grande et bien formée ; son air, doux et vénérable ; ses cheveux, d'une couleur qu'on ne saurait guère comparer, tombent par boucles jusqu'au-dessous des oreilles, d'où ils se répandent sur les épaules avec beaucoup de grâce. Ils sont partagés au sommet de la tête à la manière des Nazaréens.

« Il a le front large et uni et les joues

marquées d'une aimable rougeur ; son nez et sa bouche sont formés avec une admirable symétrie ; sa barbe épaisse et d'une couleur qui répond à celle des cheveux descend un peu au-dessous du menton, en se divisant par le milieu. Ses yeux sont brillants, clairs et sereins.

« Soit qu'il parle, soit qu'il agisse, il le fait avec *élégance* et *gravité*. Il censure avec majesté, exhorte avec douceur.

« Jamais on ne l'a vu rire, mais on l'a vu souvent pleurer.

« Il est *très tempéré*, *très modeste*, *très sage*.

« Enfin, c'est un homme qui, par sa grande beauté et ses divines perfections, surpasse les enfants des hommes. »

Tel est le portrait de Notre-Seigneur Jésus-Christ, que Publius, gouverneur de la Judée, envoyait au Sénat de Rome, alors que ce divin Maître comblait de faveurs et de prodiges les populations accourues sur son passage.

Tel est aussi le modèle qu'il faut avoir constamment sous les yeux afin de l'imiter.

Comme lui, on doit parler avec *élégance*, *gravité et sagesse* ; avoir, par la vertu de tempérance, une pleine possession de soi-même ; être toujours bon, généreux et dévoué ; faire du bien à tous, même à ses ennemis.

C'est en s'efforçant d'imiter ce type divin de toute beauté, de toute perfection, qu'on acquerra la vertu aimable et gracieuse, source de la vraie politesse, de la parfaite distinction.

Puisse ce modeste travail, contribuer pour une part, si faible soit-elle, à former des jeunes gens *distingués*, non seulement par le langage, la tenue et les manières, mais encore par l'esprit, le cœur et la vertu ; des jeunes gens qui soient l'honneur des maîtres, la joie des familles, la consolation du Cœur adorable de Jésus, qui a tant aimé l'*Enfance et la Jeunesse*.

POLITESSE A L'ÉCOLE

L'enfant doit toujours veiller sur lui, mais particulièrement à l'école, où il rencontre de si nombreuses occasions de s'habituer à pratiquer toutes les règles du savoir-vivre.

L'école est le monde en miniature. On y trouve des supérieurs, des égaux, des inférieurs, des camarades aimables, polis, distingués ; d'autres, au caractère difficile, qui sont vindicatifs, querelleurs et méchants.

Envers tous, il faut être bon, indulgent, « *savoir s'oublier pour faire plaisir* ».

C'est alors que l'élève acquiert l'habitude d'être poli et qu'il devient ce jeune homme distingué, si rare de nos jours, même en France, le pays classique de l'urbanité et des bonnes manières.

A la Chapelle. — En entrant à la chapelle, l'enfant bien élevé prend de l'eau bénite avec respect ; il en offre à ses voisins, puis il fait le signe de la croix.

Il marche ensuite posément, fait la génuflexion avec gravité et ne se précipite pas pour prendre sa place. Il se tient debout pour laisser passer un camarade en retard.

Assis ou à genoux, il évite de croiser les jambes, de mettre la tête dans ses mains ou de la tourner de côté et d'autre. Il est grave, retenu, modeste. Il n'est pas comme certains étourdis, qui rient sans motif ou pour des riens. Un enfant de chœur fait-il une maladresse ? un élève se trompe-t-il en chantant? un accident quelconque arrive-t-il? ils sont pris d'un fou rire aussi ridicule qu'inconvenant. On comprend un sourire : dans certaines circonstances; il peut, sans inconvénient, effleurer nos lèvres. Mais cette gaieté exubérante, ces signes, et parfois ces conversations dissimulées avec les voisins, sont le fait d'un enfant sans éducation et sans piété.

En chantant, il ne faut pas crier, prendre un ton nasillard, aller trop vite ou trop lentement, ni chercher à se faire remarquer. Le chant doit être une prière.

En Classe. — En classe, comme à la chapelle, les prières doivent se réciter d'un ton modéré, sans précipitation et avec recueillement. Ce n'est pas le moment de regarder de côté et d'autre, d'ouvrir un bureau, de ranger un livre ou tout autre objet.

Les élèves se tiennent debout lorsqu'un professeur entre en classe, et ils attendent, pour s'asseoir, que le maître se soit assis ou qu'il en ait donné l'autorisation.

Pendant une leçon, l'enfant bien élevé évite tout ce qui peut gêner le professeur ou distraire ses camarades : comme d'ouvrir un pupitre, de remuer le banc ou la chaise, de se moucher avec bruit, etc.

Bâiller nonchalamment, tenir la tête dans

ses mains, se coucher sur le bureau, sont des manquements graves au respect et aux convenances.

Il ne faut pas s'amuser avec son porte-plume ou son crayon, les porter à la bouche, les mettre sur l'oreille, s'en servir comme d'une baguette de tambour, etc.

Quand un élève est interrogé, il se tient debout et il ne répond jamais en se servant des monosyllabes : *si*, *oui*, *non*, sans y ajouter un titre convenable : *non*, *Monsieur*. S'il est questionné par un personnage de distinction qui visite la classe, il répond sans timidité, avec une modeste assurance, le regard dirigé vers la figure de celui qui l'interroge. Rien n'est plus engageant qu'un œil limpide et un regard franc.

Parler avec arrogance à un professeur ou s'obstiner à ne pas lui répondre est le fait d'un impertinent, d'un entêté ou d'un sot.

Le bon camarade évite tout ce qui peut gêner ses voisins, comme d'être constamment en mouvement, de remuer le banc, de frapper du pied, de battre du tambour avec les doigts, d'étudier trop fort, etc.

Lorsqu'une occasion de rire se présente, il ne fait pas de contorsions, ne pousse pas de cris et sait s'arrêter à temps.

L'enfant bien élevé est soigneux et sa tenue irréprochable. Ses habits sont propres; ses livres et ses cahiers, sans corne, sans tache et sans caricature. Dans son bureau, chaque objet a une place déterminée et invariable : tout est parfaitement en ordre.

Il est d'une grande délicatesse pour ce qui regarde le bien d'autrui. Jamais il ne se permettra d'ouvrir le bureau d'un camarade pour y prendre quoi que ce soit, sans la permission du propriétaire. Pour lui, *chiper* et voler sont deux mots synonymes.

Lire sans autorisation une lettre adressée à un autre, emprunter un objet avec l'intention de ne pas le rendre, falsifier des notes, des témoignages de satisfaction, sont des fautes contre l'honneur qu'un jeune homme délicat ne se permettra jamais.

Le bon élève aime à faire du bien ; il est apôtre, quelquefois en paroles, toujours en exemples. Ses jugements sont pleins d'indulgence. Il loue souvent et ne critique jamais. Comme le célèbre statuaire d'Athènes, il admire et prend, dans chacun de ses camarades, ce qu'il y a de meilleur et de plus parfait. Il imite l'urbanité et la distinction de celui-ci, la franchise et la bonne humeur de celui-là, l'activité de l'un, la ténacité de l'autre, etc.

Enfant respectueux, soumis et obéissant, il profite de toutes les circonstances pour témoigner à ses maîtres sa reconnaissance.

En dehors de la Classe. — En dehors de la classe, dans les corridors, dans les escaliers, l'élève poli marche avec aisance, la tête droite et *les coudes au corps.*

S'il rencontre un professeur ou une personne étrangère à la maison, il salue gracieusement, et autant que possible, avec élégance.

Il n'écrit jamais sur les portes, sur les murs, et ne se permet pas de faire la plus petite dégradation.

Il frappe à la porte avant d'entrer dans un appartement et il salue d'abord les personnes présentes.

Quand il rencontre une personne âgée ou un supérieur, il se découvre, lui cède le pas, ouvre une porte, et lui donne les plus affectueux témoignages de respect.

Salle à manger. — L'enfant bien élevé respecte le pain qui, hélas! manque souvent aux pauvres. Il évite d'en laisser tomber à terre et de faire des miettes. Il n'est pas exigeant pour la nourriture; il mange de tout. Depuis longtemps, on a remarqué que ce sont les élèves des conditions les plus modestes qui sont les plus difficiles à satisfaire.

Il y a des plats auxquels beaucoup d'enfants ne touchent pas. Les épinards, si salutaires à la santé et si recherchés par quelques personnes, sont de ce nombre : le respect humain règne partout, même au réfectoire.

Il faut éviter tout ce qui peut être pour les camarades un sujet de dégoût : comme de salir la table, de manger avec avidité, de parler la bouche pleine et de laisser les restes d'une façon malpropre.

Lorsque cela est nécessaire, on essuie son assiette avec un morceau de pain qu'on tient à la main ou à l'extrémité de la fourchette.

On prend son verre aussi bas que possible, avec trois doigts et non à pleine main.

Pour manger le fromage à la crème, la gelée, la confiture, on se sert d'une petite cuiller.

Le pain, les fruits, les choses sèches se portent à la bouche avec la main.

On laisse la cuiller ou la fourchette dans l'assiette pendant qu'on mange la soupe ou un mets quelconque. Le couteau reste constamment sur la table.

Lorsqu'ils ont la permission de parler, les élèves transforment facilement le réfectoire en une cour de récréation où il est difficile de s'entendre; parler modérément leur paraît impossible. Ils n'évitent point assez de faire du bruit avec les assiettes, la cuiller, le couteau ou de toute autre manière.

A la fin du repas, chaque élève doit plier son service après l'avoir soigneusement essuyé; le verre demande une particulière attention.

Salle des Fêtes. — C'est surtout en public qu'il faut se montrer digne, réservé, et faire son possible pour observer toutes les règles de la bienséance.

A la Salle des fêtes, on doit éviter de parler trop haut, de faire de grands gestes et de montrer quelqu'un du doigt.

Les cris, les rires bruyants, les applaudissements trop prolongés ou trop tapageurs sont de mauvais goût.

Critiquer d'une manière acerbe et méchante les artistes, qui sont, le plus souvent, des camarades, est le fait d'un vaniteux et d'un sot. Par contre, ne serait-il pas puéril et mesquin de s'organiser d'avance « *une claque de commande* », dont les signaux provocateurs enlèveraient des applaudissements sans spontanéité et d'une valeur douteuse !

Parloir. — En entrant au parloir, un enfant bien élevé se découvre, puis il embrasse ses parents avec affection et tendresse.

Il fait les honneurs de « *chez lui* », présente des chaises, prend la plus mauvaise place et ne s'assied que le dernier.

Il demande des nouvelles de tous les membres de la famille, particulièrement de ceux qui sont jeunes, âgés ou souffrants.

Il évite de trop parler de lui, de raconter quelques vilaines histoires sur ses camarades, de faire des plaintes, des récriminations, de causer de la peine à ses parents d'une manière quelconque.

Une mère disait un jour à un Supérieur : « *Mon fils a dû être bien sage cette semaine, car il ne s'est plaint de personne.* » Celui qui se plaint beaucoup est généralement un pauvre élève, un mauvais camarade.

Au parloir, il faut avoir une tenue digne.

correcte, sans laisser-aller ; éviter de se balancer sur sa chaise, de croiser les jambes, de regarder de côté et d'autre et de parler trop haut.

Transformer le parloir en une salle à manger est très inconvenant. Tout au plus peut-on se permettre d'y manger un gâteau, une orange, un fruit; et encore faut-il avoir la précaution de ne rien jeter à terre. Les jeunes gens font bien de refuser ces *gâteries* qui ne sont plus de leur âge.

Lorsque la visite est terminée, l'élève doit accompagner ses parents, leur céder le pas à la porte du parloir, se découvrir pour les embrasser, avoir soin de se rappeler au bon souvenir de tous les membres de la famille.

Récréations. — Les élèves, qui restent si longtemps assis, doivent prendre beaucoup d'exercice en récréation, et s'adonner, de préférence, aux jeux les plus mouvementés : à la paume, aux barres, au ballon. L'exercice, nécessaire à la santé, favorise beaucoup le travail intellectuel.

C'est surtout en récréation qu'un enfant se montre tel qu'il est, avec ses qualités et ses défauts.

Pierre est un être insupportable. Il trouve à redire à tout, n'est content de rien ; il est toujours d'un avis opposé à celui de la majorité. Lorsqu'il joue, il est susceptible, grognard, querelleur, batailleur. Au besoin, il se sert de l'argument du portefaix : le coup de poing ou le coup de pied. C'est un hérisson qu'il est difficile d'approcher.

Tout en mettant dans les récréations beaucoup de vie et d'entrain, il faut éviter les cris, les termes grossiers, les expressions boulevardières, les jeux de mains, nommés, par nos pères « *jeux de vilains* ».

Se moquer d'un camarade infirme ou peu intelligent, donner des surnoms, des sobriquets, est le fait d'un enfant sans éducation et d'un mauvais cœur.

Les nouveaux-venus doivent être traités avec bonté. Partout les brimades ont été abolies : c'était un amusement stupide, méchant et parfois cruel.

En récréation, comme partout, l'enfant bien élevé évite de faire de la peine et cherche à faire plaisir. Il n'a point d'ennemi. Plus tard, ses camarades, devenus des hommes, se rappelleront avec bonheur son souvenir. « *Les amitiés comme les inimitiés d'enfance sont très tenaces* ».

Promenade. — Lorsqu'on sort de la maison, il faut être d'une tenue et d'une propreté irréprochables. Les cheveux doivent être peignés, la coiffure et les vêtements brossés, la cravate bien mise et les souliers cirés.

En marchant, il ne faut pas balancer le corps ou les bras et faire de grandes enjambées ; mais on doit tenir la tête et le corps droits, sans raideur, et regarder devant soi pour ne pas heurter les passants. Mettre les mains dans les poches est inconvenant et disgracieux ; si l'on a froid, on prend des gants.

Dans les rues, on ne doit pas parler trop haut, comme le font certains paysans ; ni s'arrêter, comme les badauds, devant les vitrines d'un magasin ou près d'un saltimbanque.

On salue toutes les personnes de sa connaissance ainsi que les officiers supérieurs, les prêtres et les religieux.

Certains camarades sont dangereux par leurs conversations, entre autres les flatteurs et ceux qui ont toujours la critique à la bouche : il faut éviter de leur donner une marque quelconque de sympathie ou d'affection. Ce sont des égoïstes, sans abnégation, sans dévouement, incapables de comprendre et de remplir les devoirs qu'impose l'amitié.

« *Pour les cœurs corrompus, l'amitié n'est point faite.* »

Dortoir. — Avant de prendre son repos, il est bon de faire un examen sérieux de toute sa journée. Chaque soir, l'illustre Franklin marquait d'une croix blanche les défauts qu'il avait évités pendant la journée et d'une croix rouge ceux dans lesquels il était tombé.

On doit se lever promptement et au premier signal, faire sa toilette avec soin, et ne pas oublier que la propreté, recommandée par la politesse, est nécessaire à la santé.

La bouche est un réceptacle de mauvais germes (angine, refroidissement, pneumonie, etc.), qui n'attendent qu'une occasion favorable pour se développer, envahir l'organisme et causer des maladies souvent mortelles. On doit se laver la bouche et se brosser les dents tous les matins.

Pour éviter ou retarder la carie des dents, il faut les nettoyer souvent. Une bonne dentition est une condition essentielle d'une bonne alimentation. Que de maladies d'estomac seraient évitées si l'on prenait, durant les jeunes années, un plus grand soin de ses dents. Le bicarbonate de soude est un astringent pour les gencives, la meilleure et la moins coûteuse des poudres dentifrices.

SAVOIR TRAVAILLER

Conseils à un jeune homme qui a terminé ses études.

M. Valson, l'éminent et très regretté doyen des Facultés Catholiques de Lyon, nous écrivait, quelques jours avant sa mort, pour nous demander de compléter notre modeste travail par un chapitre *« sur le savoir travailler et étudier »*, ce qui est, en définitive, le *« Savoir-Vivre de l'intelligence »*.

C'est pour obéir à cet illustre savant, à ce grand chrétien, à cet ami si dévoué des jeunes gens, que nous avons ajouté ces quelques pages.

Les classes terminées, il faut étudier encore, autrement le petit bagage scientifique, acquis si péniblement, ne tarde pas à disparaître.

C'est un grand malheur, que tant de jeunes gens cessent à peu près d'étudier aussitôt qu'ils ont fini leurs classes. Bien loin d'être savants, les meilleurs élèves ont à peine la clef de la science; s'ils savent étudier, c'est beaucoup.

Le jeune homme de dix-huit à vingt-cinq ans qui, même après de brillantes études, renonce au travail de la pensée, se condamne à une grande médiocrité, pour ne pas dire à une nullité absolue.

Que de carrières brisées ! que d'espérances trompées, même après la conquête de plusieurs diplômes, par suite du complet abandon des études.

Dans quelque position que l'on se trouve,

on a toujours des heures qui ne sont pas réclamées par les devoirs professionnels. Ces heures libres, mal employées, exposent à de grands dangers.

Si l'on n'a pas l'amour des livres, la passion du savoir, d'autres passions moins nobles viendront frapper à la porte du cœur. On aimera les visites inutiles, la bonne chère, les joies bruyantes, auxquelles on sacrifiera le respect de soi-même, sa dignité, sa vertu.

Le jeune homme capable de goûter les plaisirs de l'esprit échappera facilement à la séduction des sens, à tout ce qui déflore le cœur et paralyse l'intelligence. Il dédaignera les plaisirs grossiers, qui alourdissent l'âme et l'empêchent de s'élever vers le beau et le bien ; il ne connaîtra pas les tourments de l'ennui et ceux de l'oisiveté.

« *L'homme est fait pour travailler comme l'oiseau pour voler.* » Cette loi de notre nature, source de joie et de prospérité pour celui qui s'y soumet, devient, pour celui qui la viole, une cause de tristesse et de ruine.

« *L'homme qui ne travaille pas*, dit Lacordaire, *tombe, par une pente rapide, de la langueur dans l'ennui et de l'ennui dans les désordres du cœur.* »

Celui qui ne fait rien n'est pas loin de mal faire. L'eau qui descend, claire et limpide, en bouillonnant le long du rocher, se transforme, dans le marais, en eau pestilentielle. « *L'oisiveté est la mère de tous les vices.* »

Le travail, père et gardien de toutes les vertus, est fécond en joies présentes et il en réserve de plus douces encore pour l'avenir. Le laboureur, qui jette dans le sillon une semence choisie, voit ses espérances croître et s'affermir jusqu'au temps de la moisson.

« *La culture des lettres*, dit Fonssagrives, *fournit un fonds inépuisable de distractions élevées qui maintiennent l'âme haute et la prémunissent contre les pièges que le désœuvrement tend à la santé comme à la dignité morale.* ».

Celui qui, dans l'étude, a mis sa jouissance,
Garde sa pureté, ses mœurs, son innocence ;
Le miroir de sa vie est riant à ses yeux ;
Les jours ne sont pour lui que des moments heureux.

. . . .

A couvert des frimas, quel charme inexprimable
De lire, de rêver, tranquille en son réduit,
Près du feu rayonnant qui brûle à petit bruit !
Le soir, quand le silence occupe nos demeures,
Que seules de la nuit se répondent les heures,
Qu'on aime à prolonger le doux travail des jours !
Le temps fuit, l'airain sonne et l'on veille toujours ;
Et, dans la longue extase où se perd la pensée,
On ne se souvient plus de la nuit avancée.

(Delille.)

La culture des lettres, qui procure de si douces jouissances, est indispensable au succès. Comment réussir dans une carrière quelconque si l'on est incapable d'exprimer sa pensée avec clarté et même avec élégance? Il faut donc apprendre à parler et à écrire convenablement. Pour cela, trois choses sont nécessaires : *lire de bons auteurs, apprendre des modèles et surtout composer.*

Lecture. — La lecture enrichit la mémoire, féconde l'imagination et préserve de l'ennui. Conduite avec intelligence, c'est le plus sûr moyen d'apprendre à penser, à parler et à écrire.

« *Le plaisir de la lecture est, entre tous, le plus noble et le plus doux. Les autres plaisirs ne sont ni de tous les temps, ni de tous les lieux ; mais la lecture est l'aliment de la jeunesse, le charme de la vieillesse; elle embellit la prospérité, et, dans l'adversité, elle est une consolation.* » (CICÉRON.)

Elle nous met en relation avec les plus grands génies, avec les hommes les plus distingués par le savoir et la vertu. Elle nous communique leurs idées, nous fait éprouver leurs sentiments, vivre en leur compagnie.

Un bon livre est un ami qui nous instruit et nous rend meilleurs ; qui nous enseigne le vrai, nous fait aimer le bien, admirer le beau ; qui nous console, nous distrait et nous délasse. Que de délicieuses joies il procure ! que de chagrins il dissipe ! Il nous fait tour à tour trembler, frémir, sourire et pleurer.

« *Ce sont les livres qui nous donnent les plus grands plaisirs, et les hommes qui nous causent les plus grandes douleurs.* » (JOUBERT.)

« *C'est dans la lecture que je trouve un dé-*

lassement pour mon esprit; c'est elle qui repose mon oreille fatiguée du tumulte du forum et des cris de la foule. Qui osera me blâmer de donner à l'étude des lettres le temps que d'autres consacrent aux fêtes, aux divertissements, au repos, aux festins et aux jeux de hasard? » (CICÉRON.)

Il ne faut jamais lire les ouvrages, même bien écrits, qui flattent les passions. La lecture des romans est particulièrement dangereuse. Elle gâte le goût, fausse le jugement et pervertit le cœur. Elle fait vivre dans un monde imaginaire, fantasque, qui n'a rien de commun avec la vie réelle.

Le lecteur de romans fait des rêves chimériques, des projets irréalisables; il poursuit un idéal qu'il ne saurait atteindre. Alors il souffre, s'ennuie, se dégoûte; la vie lui devient à charge.

« *Il est tel livre dont les résultats ont pu équivaloir à une épidémie. Qui calculera le nombre des jeunes gens victimes de mauvaises lectures? L'Angleterre, où les tristesses vagues de l'ennui que propage un romantisme absurde sont florissantes, est le sol le mieux alimenté par la phtisie pulmonaire.* » (Docteur FRÉDAULT.)

Comment faut-il lire?

Il faut lire peu et bien, lentement, avec réflexion, la plume à la main.

Les bons ouvrages sont innombrables. Vouloir les lire tous serait se condamner à un travail aussi écrasant qu'inutile.

Il faut savoir se restreindre, ne lire que quelques livres choisis, capables d'exciter la pensée et de la nourrir; des livres bien écrits, les chefs-d'œuvre de nos grands écrivains.

« *Vraiment*, dit un philosophe, *si j'avais lu autant de livres que tels et tels, je serais aussi ignorant qu'ils le sont.* »

« *L'écrivain le plus original sera toujours celui qui a lu le plus souvent un petit nombre d'excellents livres et moins d'ouvrages médiocres.* » (VERNIOLLES.)

Pendant dix-huit ans, saint François de Sales a fait du *Combat spirituel* — un bien petit volume — sa lecture de prédilection. De cette lecture méditée est sortie l'admirable *Introduction à la vie dévote*, « *une des plus belles œuvres de notre littérature morale* », dit Payot.

Voltaire avait constamment sur sa table le *Petit Carême* de Massillon ; et son disciple préféré, La Harpe, lisait chaque jour un chapitre de l'*Imitation*. Durant son exil, de Bonald n'avait que deux livres : *Les Annales* de Tacite et l'*Histoire universelle* de Bossuet.

La seconde condition d'une bonne lecture est de lire lentement.

Lire avec précipitation, voler d'une page à l'autre, courir après des faits nouveaux, c'est faire comme le papillon, qui voltige de fleur en fleur et n'en rapporte jamais aucun suc utile. Les lectures rapides énervent les facultés, engendrent la confusion, ne laissent que de vagues souvenirs. Après quelques années, on se rappelle à peine le titre des ouvrages qu'on a lus trop précipitamment.

« *Les lectures rapides, dévorantes*, dit Montaigne, *forment des ânes savants.* »

La Fontaine se moque très spirituellement de ceux qui, « *les livres rongeant, se font savants jusques au bout des dents* ».

Lire, c'est examiner, approuver ou discuter les pensées de l'auteur, se les assimiler ou les rejeter. Tout cela demande du temps, de l'attention et de la réflexion.

C'est par la méditation que la lecture devient la nourriture de l'âme, un banquet intellectuel. Lire sans réfléchir est une perte de temps.

« *Ceux qui manient le mieux la parole*, a dit un grand écrivain, *ont moins lu que médité sur leurs lectures.* »

Balmès ne lisait qu'un petit nombre de pages à la fois; puis, s'enveloppant la tête dans son manteau, il réfléchissait longuement.

C'est en lisant lentement, en passant de la lecture à la méditation qu'on fortifie ses facultés et qu'on les développe. Le meilleur moyen pour obtenir ce résultat est, comme le conseille Mgr Dupanloup, « *de lire la plume à la main* ».

Quand on veut tirer bon profit de la lecture d'un ouvrage, on jette d'abord un coup d'œil sur la Préface et sur la Table; puis on lit cet ouvrage en entier, pour suivre la marche de l'auteur, l'enchaînement et la progression des idées, le déroulement logique de la pensée. On prend ensuite *des notes*, on indique les faits saillants, les expressions particulièrement heureuses, les passages remarquables.

On exprime ses impressions personnelles; on apprécie le talent de l'auteur; et, si l'ouvrage le comporte, on en fait le résumé.

« *Pour profiter de vos lectures*, dit Verniolles, *lisez lentement*, *arrêtez-vous souvent*, *réfléchissez beaucoup*, *revenez plusieurs fois sur ce qui vous a paru le plus sublime ou le plus profond : résumez et analysez ce que vous avez lu*, *recueillez vos impressions*, *faites des extraits*, *notez les maximes et les pensées les plus saillantes, et les lectures deviendront pour vous une véritable étude des modèles.* »

En lisant ainsi, on s'assimile les pensées et les sentiments de l'auteur. On lui emprunte son style, ses idées, ses convictions, et les lectures sont très profitables.

Etudier des modèles. — Les morceaux bien choisis, excellents pour la forme et le fond, élèvent les pensées, ennoblissent les sentiments et donnent le goût du beau.

Trésors de la mémoire, ils servent à égayer

les soirées, les repas de famille et à rendre les conversations plus spirituelles et plus intéressantes.

« *Il n'y a peut-être pas de moyen plus sûr pour apprendre à penser, à parler et à écrire avec correction et avec nuances, que de mettre dans sa mémoire quelques pages choisies des meilleurs écrivains.* » (MARION.)

Il faut meubler sa mémoire, surtout quand on est jeune; car *une tête vide ne saurait être une tête bien faite.*

Composer. — La composition française est le travail par excellence. Rien n'est capable de développer autant et de procurer d'aussi nobles jouissances. Pénible dans les débuts, elle devient ensuite très captivante : il suffit d'avoir le courage de commencer.

« *Il y en a*, dit plaisamment le P. Gratry, *qui semblent ignorer cette vérité incontestable que, pour écrire, il faut prendre la plume, et que, tant qu'on ne la prend pas, on n'écrit jamais.* »

Toute habitude, tout talent se forment par les actions souvent répétées qui leur sont propres.

« *Marchez pour être marcheur; courez pour être coureur. Voulez-vous savoir lire? lisez; voulez-vous savoir écrire? écrivez.* » (GRATRY.)

« *Il y a trois choses qu'un homme ne peut savoir sans un exercice assidu : parler cor-*

rectement, raisonner juste, écrire avec élégance. » (St THOMAS.)

Que faut-il écrire ?

Le récit d'une promenade ou d'un événement remarquable, les impressions d'une journée, le résumé, l'analyse, l'appréciation d'un ouvrage ou d'un discours, etc. ; n'importe quoi, pourvu qu'on écrive.

Celui qui s'imposerait l'obligation de composer chaque jour quelques lignes serait bientôt capable d'écrire avec correction et même avec élégance.

« *Ecrire beaucoup, avoir souvent la plume à la main, s'exercer un peu chaque jour : voilà le point capital pour se former à l'art d'écrire.* » (VERNIOLLES.)

« *Le génie,* a-t-on dit, *est une longue patience.* » L'art de composer est aussi affaire de patience : c'est en composant beaucoup et souvent qu'on apprend à bien composer.

La constance, les efforts persévérants sont toujours couronnés de succès.

Outre les études littéraires, le jeune homme qui a fini ses classes peut encore s'appliquer à la *Géographie*, que les Français connaissent si peu, et à l'*Histoire*, qui procure de si agréables délassements.

On se passionne facilement pour les études historiques, pour le récit des nobles actions, les exploits des héros, la description des mœurs et des coutumes anciennes.

« *L'histoire est la lumière des temps, la contemporaine du genre humain, la dépositaire des événements, le témoin de la vérité, la conseillère de la vie humaine, la messagère des temps passés. Sans l'histoire, nous vivons dans une honteuse ignorance de tout ce qui nous a précédés, nous sommes des enfants et des étrangers pour le reste de l'univers.* » (CICÉRON.)

« *Un honnete homme ne peut ignorer ni son pays, ni le genre humain.* » (BOSSUET.)

Sans l'histoire, il est impossible de se faire une idée exacte des événements contemporains. C'est par l'étude sérieuse des hommes et des institutions des temps passés, surtout de ceux qui nous ont immédiatement précédés, qu'on peut se rendre compte des besoins et des aspirations de notre époque.

L'histoire est aussi une école de morale. « *Par ses grands exemples, elle fait servir les vices mêmes des méchants à l'instruction des bons* » (FÉNELON) : elle est donc très utile.

Les *sciences naturelles*, si captivantes, peuvent encore être étudiées avec fruit par un jeune homme qui a terminé ses études.

En faisant des collections d'entomologie, de minéralogie et de botanique, il sera porté à faire des courses, des promenades, autrement plus utiles à sa santé et à sa vertu que le séjour dans les cafés, les brasseries ou les théâtres.

Avec *une boîte de réactifs* peu coûteuse et

quelques accessoires, il est facile de reconnaître certaines falsifications alimentaires, de faire quelques analyses, ainsi que des expériences de chimie générale et industrielle, aussi intéressantes que profitables.

L'*Agriculture* et l'*Economie* sont bien dignes d'occuper les loisirs d'un jeune homme intelligent, surtout s'il habite la campagne; mais c'est la philosophie, la morale, la science religieuse qui doivent avoir ses préférences.

La philosophie est la science par excellence. Elle a pour but le perfectionnement de la raison et par conséquent de l'homme lui-même.

« *C'est la philosophie*, dit Mgr Dupanloup, *qui doit opérer comme une transformation dans l'âme du jeune homme et faire prédominer la raison, la conscience, le devoir, la pensée de Dieu, là où les impressions, les sens peut-être et les passions naissantes dominaient...; en un mot, le rendre plus homme.* »

« *Sans elle, le catholique est comme un homme sans cuirasse et sans armes dans le conflit intellectuel qui fait rage autour de lui; il est incapable de défendre sa foi.* » (Mgr VAUGHAN.)

La philosophie, nécessaire pour former l'homme et le chrétien, apprend à penser; et, *par voie de conséquence*, à parler et à écrire.

L'art de bien écrire se perfectionne ou plutôt se confond avec celui de bien penser.

« *Pour avoir de l'influence sur vos semblables*, dit Veuillot, *il faut que vous possédiez le talent de penser, de parler et d'écrire. — C'est par la parole ou par la plume qu'on devient puissant pour la cause du bien* », cause pour laquelle un jeune homme, véritablement chrétien, ne craint pas de sacrifier ses plaisirs et son repos.

BIBLIOTHÈQUE D'UN JEUNE HOMME

1° Nous n'avons pas la prétention de présenter ici un catalogue complet et raisonné de tous les ouvrages utiles à un jeune homme soucieux de cultiver son intelligence. Notre but est simplement de signaler quelques œuvres excellentes, entre lesquelles le lecteur aura vite fait de choisir les volumes en rapport avec ses ressources intellectuelles et financières.

2° Nous ne mentionnons pas les ouvrages fondamentaux sur la Doctrine chrétienne et l'Histoire de l'Eglise. On n'a que l'embarras du choix. Et nous savons, d'ailleurs, qu'un homme en quête de vérité trouvera toujours à sa portée un conseiller judicieux.

Une « *Vie de Notre-Seigneur Jésus-Christ* » une *bonne traduction des Evangiles*, une « *Imitation de Jésus-Christ* », un « *Catéchisme développé* », un « *Manuel d'Histoire Ecclésiastique* », doivent se trouver entre toutes les mains.

Il en est de même de certains classiques français auxquels un esprit cultivé revient avec d'autant plus de plaisir qu'ils semblent plus abandonnés aujourd'hui : *Les* « *Sermons et les Oraisons funèbres* » *de Bossuet*, les « *Fables* » *de La Fontaine*, les « *Caractères* » *de La Bruyère*, les « *Tragédies* » *de Corneille et de Racine* et les « *Comédies* » *de Molière*, tout autant de chefs-d'œuvre à la portée de tous, et dans lesquels le génie de notre langue s'est admirablement développé.

3° Les ouvrages que nous signalons, au hasard de nos souvenirs, n'ont pas la même valeur; mais ils seront d'un grand secours pour l'acquisition de ces connaissances variées qui contribuent si souvent à faire la joie et l'ornement d'un foyer.

Nous avons cité de préférence les Œuvres modernes, non pas qu'un aveugle parti-pris nous portât à discréditer les anciennes, mais parce que les chefs-d'œuvre des siècles passés sont plus connus et cependant moins accessibles à la masse que les travaux plus récents, qui portent mieux l'empreinte de notre temps.

4° Nous avons distribué ces divers ouvrages en deux groupes, suivant qu'ils sont *instructifs* ou simplement *amusants*.

a) Les *Livres instructifs*, qui nous ont à bon droit retenu davantage, forment eux-mêmes quatre catégories: *Religion et Piété — Philosophie — Histoire et Biographie — Littérature et Beaux-Arts*.

Ce n'est pas à dire que ces divisons soient nettement tranchées: il est certains ouvrages historiques qui sont des chefs-d'œuvre de littérature. Et réciproquement, on pourrait citer des œuvres, renommées surtout pour leur mérite littéraire, lesquelles cependant, furent composées dans un but exclusivement scientifique. Mais il fallait classer : nous l'avons fait de notre mieux.

b) Les *livres amusants* foisonnent ; l'essentiel est de bien choisir. Les bibliothèques paroissiales offrent aux abonnés toutes facilités pour satisfaire leurs goûts. Si, d'ordinaire, ces livres peuvent être mis entre toutes les mains sans aucun péril moral, nous ne pensons pas, pour autant, qu'ils puissent contribuer, dans une même mesure, à la formation d'un esprit véritablement sérieux. A titre de simple indication, nous avons mentionné quelques ouvrages marquants et parfaitement écrits. A chacun de compléter cette liste au gré de ses appétits littéraires.

I. — LIVRES INSTRUCTIFS

A — RELIGION ET PIÉTÉ

Court abrégé de Religion (P. Schouppe).
L'Art de croire (A. Nicolas).
Etudes philosophiques sur le christianisme (A. Nicolas), 4 vol.
Instructions familières (Mgr de Ségur).
Le Christianisme et les Temps présents (Mgr Bougaud).
Le Doute et ses Victimes (Mgr Baunard).
La Foi et ses Victoires (Mgr Baunard).
Heures sérieuses du Jeune Homme (Ch. de Sainte-Foy).
Jeunesse chrétienne (P. Barbier), 3 vol.

Espérances chrétiennes (Cochin).
Génie du Christianisme (Chateaubriand).
Conférences du P. Lacordaire.
» du P. Félix, 6 vol.
» du P. Monsabré.
» de Mgr Frayssinous.
La Persévérance (Heinrich).
Lettres de Lacordaire.
» d'Henri Perreyve.
Lettres à un jeune homme sur la Piété (E. de Margerie).
Journée des Malades (H. Perreyve).
Jeune Homme chrétien (Hervé-Bazin).
Tableau poétique des Sacrements (Vicomte de Walsh).
Tableau poétique des Fêtes chrétiennes (Vicomte de Walsh).
Les Libres-Penseurs (L. Veuillot).

B — PHILOSOPHIE

Cours de Philosophie (F. Louis).
Cours de Philosophie (l'abbé Durand).
L'Art d'arriver au vrai (Balmès).
Mélanges philosophiques (Balmès).
Les Sources (P. Gratry).
Le Prix de la Vie (Ollé-Laprune).
La Certitude morale (Ollé-Laprune).
Caractères de La Bruyère.
Pensées de Joubert, 2 vol.
La Tête et le Cœur (l'abbé Vallet).

C — HISTOIRE

a — De l'Eglise.

Discours sur l'Histoire universelle (Bossuet).
Vie de Jésus-Christ (M. Fouard) ou (Veuillot).
L'Apôtre Saint Pierre (M. Fouard).
» Saint Paul (M. Fouard).
» Saint Jean (Mgr Baunard).
Sainte Madeleine (P. Lacordaire).
Saint Jean Chrysostome et l'Empire romain (Am. Thierry).
Derniers temps de l'Empire d'Occident (Am. Thierry).
Les Moines d'Occident (Montalembert).
Sainte Elisabeth de Hongrie (Montalembert), 2 vol.
Saint Louis et son Siècle (Wallon).
Jeanne d'Arc (Wallon).
Saint Charles Borromée (Sylvain), 4 vol.
Saint François de Sales (A. Gabourd).
Saint Jean-Baptiste de la Salle (J. Guibert).
Sainte Chantal (Mgr Bougaud).
Les premières Filles de la Visitation (Mgr Bougaud).
Saint Vincent de Paul (Mgr Bougaud).
Histoire de Pie VII (Arthaud).
Pie IX (J.-M. Villefranche).
Léon XIII (Mgr Baunard).
Léopold et la reine Victoria (Saint-René Taillandier).

b — Profane.

Origines de la France contemporaine (Taine).
Histoire du second Empire (de la Gorce).
Récits algériens (capitaine Perret).
Récits de Crimée (capitaine Perret).
Louis XVII (de Beauchesne).
Mémoires du général Marbot.
Mémoires de du Barail.
Convulsions de Paris (Maxime du Camp.)
Marie-Antoinette et sa famille (de Lescure).

c — Biographies.

Berryer (Lecanuet).
Montalembert (Lecanuet).
Ozanam (par son frère).
Ampère (M. Valson).
Louis Veuillot (Eug. Veuillot).
L'Ecole menaisienne (Mgr Ricard).
Augustin Cochin (M. de Falloux).
Lacordaire (Père Chocarne).
O'Connell (La Faye).
Général de Sonis (Mgr Baunard).
Amiral Courbet (La Faye).
Garcia Moreno (R. P. Berthe).
Dom Bosco (J.-M. Villefranche).
Père Chevrier (J.-M. Villefranche).
Pasteur (par divers auteurs).
Journal de Firmin Suc.
Victor de Laprade (J. Condamin).
Mgr Pie (Mgr Baunard).

Mgr Dupanloup (Lagrange).
Mgr de Cheverus (M. Hamon).
Le R. P. de Ravignan (Ponlevoy).
Henri Perreyve (P. Gratry).
Grandes Epouses (de Lescure).
Mères illustres (de Lescure).
Les Contemporains (Publications périodiques de la *Bonne Presse*, rue François Ier, 8).

D — LITTÉRATURE. — BEAUX-ARTS

Histoire de la Littérature (Nisard), 4 vol.
XVIIe, XVIIIe et XIXe siècles (Faguet), 3 vol.
Les Contemporains (J. Lemaître).
Histoire de la Littérature (Brunetière), 1 vol.
Histoire de la Littérature (Longhaye), 4 vol.
Les Critiques contemporains (Chauvin et Le Bidois), 2 vol.
Lettres et Pensées (H. Flandrin).
Morceaux choisis des XVIe, XVIIe, XVIIIe, XIXe siècles (Godefroy), 4 vol.
Lettres de Mme de Sévigné.
Voyage autour de ma chambre (X. de Maistre).
Salons d'autrefois (Bassanville).
Le Manuscrit de ma Mère (Lamartine).
Le Tailleur de pierres de Saint-Point (Lamartine).
Poètes franciscains en Italie (Ozanam).
Mélanges de Louis Veuillot (collection importante et chère).
Çà et là (L. Veuillot), 2 vol.

Parfums de Rome (L. Veuillot), 1 vol.
Rome et Lorette (L. Veuillot), 2 vol.
Correspondance (L. Veuillot), 6 vol.
Historiettes et Fantaisies (L. Veuillot), 1 vol.
Pèlerinages en Suisse (L. Veuillot), 1 vol.
Agnès de Lauvens (L. Veuillot), 1 vol.
Œuvres de F. Coppée (Poésies), 5 vol.
La Bonne Souffrance (F. Coppée).
Grammaire des Arts du Dessin (Ch. Blanc).
Artistes de mon temps (Ch. Blanc).
Manuel d'Archéologie (Mallet), 2 vol.
Cathédrales de France (Bourrassé).
Raphaël et son œuvre (E. Müntz).
Collection Quantin (in-18), 1 vol. sur chaque spécialité.
Réflexions et menus Propos d'un peintre genevois.

II. — LIVRES AMUSANTS

Voyages en zig-zag (Toppfer).
Nouvelles genevoises (Toppfer).
Le Petit Chose (A. Daudet).
Tartarin de Tarascon (A. Daudet).
Tartarin sur les Alpes (A. Daudet).
Lettres de mon moulin (A. Daudet).
Lisez-moi çà (Pierre l'Ermite).
Et ça ? (Pierre l'Ermite).
Restez chez vous (Pierre l'Ermite).
Et de Quatre (Pierre l'Ermite).
Le grand Mufllo (Pierre l'Ermite).

La grande Amie (Pierre l'Ermite).
Le Soc (Pierre l'Ermite).
Un Lys dans la neige (V. Tissot).
Le Pays des glaces (V. Tissot).
Cinq Sous du Juif-Errant (Aimé Giron).
Franc-maçon de la Vierge (Bonne Presse).
Trois Vierges noires de l'Afrique (Bonne Presse).
Petits Peintre (Mme Eugénie Foa).
Petits Musicie (Mme Eugénie Foa).
Petits Marins (M Eugénie Foa).
Mon oncle Ambro se (L'abbé Meiller).
Histoire d'un petit Homme.
Le livre de mon Ami (G. Elliot).
Souvenirs de Tolstoï (G. Elliot).
Roman d'un jeune Ho me pauvre (O. Feuillet).
Sibylle (O. Feuillet).
La Terre qui meurt (R. Bazin).
La Tache d'encre (R. Bazin).
La Neuvaine de Colette.
Tristesses et Sourires (G. Droz).
L'Enfant (G. Droz).
Paquet de lettres (G. Droz).
Pages catholiques de Huysmans (M. Meunier).
Lettres d'un Curé de campagne (Yves le Querdec).
Lettres d'un Curé de canton (Yves le Querdec).
Journal d'un Evêque (Yves le Querdec).
Pêcheurs d'Islande (P. Loti).

NOTE I

Boissons hygiéniques.

Les boissons hygiéniques sont le vin, la bière, le cidre et surtout *l'eau de source*, la meilleure de toutes les boissons.

Le vin. — Le vin, liquide utile et agréable, stimule et relève les forces.

Il ne nourrit pas ; c'est un excitant puissant, mais d'assez courte durée. Il doit probablement cette propriété à son alcool, dont les effets sont heureusement modifiés par le tanin, qui provient de la pellicule du pépin et de la grappe ; par les sels de potasse et de soude ; par les huiles essentielles, qui en constituent le bouquet, etc.

Les vins les moins alcooliques sont *les meilleurs*. Quand ils ont plus de huit degrés, loin de favoriser la digestion, ils la ralentissent, et, à 15°, ils l'empêchent.

Dans tout repas, on doit commencer par les boissons les moins alcooliques, par *l'eau rougie*, et terminer par celles qui le sont davantage. Il faut boire modérément. Dans un dîner de famille, on prendra, par exemple, deux verres de vin coupé d'un bon tiers d'eau, et, au dessert, un petit verre à Bordeaux de vin pur. **Jamais de liqueur** (1).

---

(1) Voir la note II.

Le vin, utile à certaines constitutions, est nuisible à d'autres. Stimulant précieux pour un tempérament mou, lymphatique, scrofuleux, il devient dangereux pour un sanguin ou un bilieux.

Les personnes facilement congestionnées, celles qui ont des mouvements convulsifs et toutes celles qui sont tracassées par la bile, doivent considérer le vin comme un ennemi.

Celles qui sont atteintes ou *menacées* des maladies de *l'estomac*, *du foie*, *des reins*, *du cerveau* doivent s'en abstenir, ainsi que toutes celles qui sont portées aux passions violentes: colère, haine, impureté, etc.

Les personnes qui peuvent boire du vin sont : les lymphatiques, les rachitiques, les scrofuleux, les tuberculeux, les vieillards et toutes les personnes *épuisées* par les maladies ou le travail.

Le vin est alors un médicament utile dont on ne doit pas abuser, et qu'il ne faut *jamais prendre à jeun.*

La bière. — La bière non falsifiée est une boisson excellente et un peu nutritive. Elle a 4 à 5 °/₀ d'alcool et ne convient pas à ceux qui sont menacés d'embonpoint.

Le café et le thé. — Le café et le thé sont deux excitants, le premier surtout. Ils favorisent la digestion et le travail intellectuel. Il ne faut pas en abuser. Les personnes nerveuses doivent s'en abstenir.

L'eau. — La meilleure, la plus hygiénique de toutes les boissons est, sans contestation, l'*eau*, surtout *celle de source*, qui est claire, fraîche, limpide et qui ne contient pas de matières organiques.

L'illustre *Pasteur* ne cessait de la recommander.

Les eaux de pluie et de rivières doivent être filtrées ou bouillies, car elles renferment assez souvent les germes des maladies contagieuses, en particulier de la fièvre typhoïde.

Malgré cela, un célèbre docteur écrit : « *La plus mauvaise eau vaut mieux que le meilleur vin* ». Cela paraît excessif : c'est sans doute de l'eau de source ou de l'eau filtrée dont il a voulu parler.

« *Les buveurs d'eau*, disait le docteur Hoffmann, *ont meilleur appétit et meilleure santé; ils vivent plus longtemps.* »

Dans le gouvernement de Kazan (Russie), la mortalité parmi les Tartares mahométans est de 29 %, tandis que, parmi les Russes, elle est de 40 %. Les conditions de la vie sont les mêmes pour les Russes et les Musulmans; seulement ces derniers ne boivent pas de vin.

Certaines Compagnies anglaises d'*assurances sur la vie* accordent une importante réduction de prime (15 %), à tous les buveurs d'eau. Elles ont constaté que, sur 1.000 assurés *buveurs d'eau*, 590 atteignent 60 ans, et que, sur le même nombre d'assurés ordinaires, 453 seulement arrivent à cet âge.

Voilà des faits indiscutables qui prouvent que l'*eau* est la meilleure et la plus hygiénique des boissons et qu'on ne saurait trop la recommander.

NOTE II

Alcoolisme.

Un savant, J.-B. Dumas, demande qu'on fasse appel « *aux lumières de la science, aux dévouements de la charité, aux prévoyances de la raison d'Etat, à la religion, pour combattre ce terrible fléau de l'alcoolisme, qui cause de si graves misères morales et qui pourrait, en peu de temps, amener la ruine de notre chère patrie.* » (Discours à la Société de Tempérance.)

L'alcoolisme est un empoisonnement lent, qui trouble profondément l'organisme, diminue les forces physiques, intellectuelles et morales, et conduit *fatalement* à la mort ou à la folie.

C'est le plus terrible fléau qui ait jamais menacé la France. « *A lui seul,* comme le proclamait naguère l'illustre Gladstone, *il fait plus de mal que la guerre, la peste et la famine.* » « *On s'épouvante du choléra,* disait Balzac, *l'eau-de-vie est bien un autre fléau.* »

On devient alcoolique, non seulement par l'ivresse répétée, mais encore en buvant souvent, même à petites doses, des liqueurs, des apéritifs, et **même du vin.**

L'alcool est un poison qu'on peut obtenir avec toutes les substances sucrées, féculentes ou amylacées. Il y a des eaux-de-vie de vin, de betteraves, de genièvre, de grains, de tourbe, de vieux chiffons.

Un industriel de Chicago, en distillant les balayures des rues, obtenait, par chaque charrette, cinq litres d'eau-de-vie, qu'il livrait à la consommation.

Tous ces alcools sont des poisons énergiques, mais à des degrés divers.

Les amers, les apéritifs sont doublement funestes. L'essence d'absinthe est tellement toxique, qu'il suffit d'en injecter un gramme dans les veines d'un cheval pour lui donner une crise d'*épilepsie.*

Pendant longtemps, l'alcool a joui d'une réputation non méritée. On le considérait comme une panacée universelle, capable de guérir tous les maux de l'esprit et du corps. Il n'a pas les propriétés que les préjugés populaires et une *fausse science* lui ont prêtées jadis et que la *passion* lui prête encore. *Il ne nourrit pas, il ne réchauffe pas; il surexcite un instant pour stupéfier ensuite.*

Il ne nourrit pas. — Dix centimes de pain contiennent quatre-vingt-dix fois plus de nourriture que dix centimes de vin et quatre cent trent-sept fois plus que dix centimes de cognac. Ce qui porte à croire que l'alcool nourrit, c'est qu'il excite le système nerveux, et qu'au lieu d'activer la digestion, il *la ralentit*.

L'alcool ne réchauffe pas. — Lorsqu'il fait froid, l'alcool semble échauffer parce qu'il active la circulation surtout du côté de la peau. La surface extérieure du corps s'échauffe, transmet la chaleur à l'air ambiant et par conséquent refroidit le corps. Aussi, il n'est pas rare qu'après de copieuses libations, des buveurs, saisis par le froid, soient atteints de congestions mortelles. Plus il fait froid, plus il faut s'abstenir de prendre des liqueurs qui n'échauffent un instant que pour refroidir ensuite davantage.

En 1893, le célèbre docteur du « Fram », dans son voyage aux régions polaires, ne permit pas qu'on embarquât, sur le navire, une seule goutte d'alcool ; c'est la première expédition de ce genre où tous les hommes soient revenus sains et saufs.

L'alcool excite, puis stupéfie. — L'alcool est un excitant utile dans certains cas, mais dont il ne faut pas abuser. C'est au médecin à dire quand et comment il faut user de ce remède qui est, comme presque tous les médicaments, un poison.

Il y a grand danger à trop surexciter, à trop ébranler le système nerveux. Le corps humain est une machine admirablement organisée, mais très délicate et qui demande beaucoup de ménagements. Une bonne et saine alimentation lui est plus profitable qu'un ébranlement quelconque du système nerveux.

L'alcool produit une excitation passagère ; puis une grande prostration, comme on peut le constater dans les scènes, hélas ! trop fréquentes, de cabaret.

Après de copieuses libations, on parle, on rit, on chante, on crie, on s'embrasse ou l'on se querelle. Puis la tête s'appesantit, la langue s'épaissit, les sens s'engourdissent, les jambes chancellent, et l'on s'endort d'un sommeil profond dessus ou dessous la table : après l'excitation, le plus complet *abrutissement*.

L'alcool, qui est si funeste, semble cependant régner partout en souverain.

Il s'en va, sous les noms les plus divers, de la montagne à la plaine, de la ville à la campagne, du château à la chaumière, semant partout sur son passage, avec une *joie factice*, la ruine, la désolation et la mort.

L'alcool altère les santés. — Même pris à petites doses souvent répétées, il attaque rapidement tous les organes essentiels à la vie : dessèche l'estomac, ulcère les intestins, congestionne le foie, ôte l'appétit et produit un affaiblissement progressif.

« *Les grands buveurs*, disait Hippocrate, *sont incapables de digérer la nourriture nécessaire à la réparation de leurs forces.* »

Quoique jeune, l'alcoolique a déjà les souffrances et les infirmités de la vieillesse. A quarante ans, il offre moins de résistance à la maladie qu'un vieillard à soixante. Son organisme est un terrain tout préparé pour le développement des germes des maladies contagieuses et particulièrement de la tuberculose qui fait en France, chaque année, plus de cent cinquante mille victimes.

L'alcool irrite les bronches, désorganise les poumons, affaiblit la vue et produit, dans les oreilles, des bruits insolites et des bourdonnements. Il attaque le cerveau, déprime les facultés intellectuelles, atrophie la mémoire, cause des apoplexies, des paralysies, la folie, etc.

Il rend le caractère irritable, taciturne, mélancolique, trouble l'imagination et détruit la volonté. Incapable de se dominer, de se commander, l'alcoolique marche à grands pas vers sa perte. Il constate les tristes effets de l'alcool, et, malgré cela, il boit jusqu'à ce qu'il aille échouer à la maison d'aliénés, à l'hôpital, à la prison ou au cimetière.

L'alcoolisme peuple les maisons d'aliénés et les prisons. — Un homme très judicieux a défini le cabaret : « *lieu où l'on vend la folie en bouteille* » ; ou encore :

« *l'antichambre de l'hôpital et de la prison* ».

L'alcoolisme est le grand pourvoyeur des maisons d'aliénés. — En 1838, on comptait, en France, 15.000 aliénés séquestrés; actuellement, il y en a plus de 105.000.

Les départements où l'alcoolisme fait le plus de ravages sont aussi ceux où l'on trouve le plus d'aliénés. — Dans le seul département de la Seine, on compte 13.300 fous, presque autant que dans la France entière, en 1838. Ce nombre épouvantable correspond à une consommation de treize litres d'alcool par habitant.

De sérieuses statistiques prouvent que les suicides, la criminalité, les accidents de travail croissent avec les progrès de l'alcoolisme. Sur 100.000 habitants, on relève 809 condamnations dans la Seine-Inférieure, 645 dans le Finistère et seulement 50 dans le département où l'on s'alcoolise le moins. Ces chiffres se passent de commentaires.

L'alcoolisme remplit les hôpitaux. — Chaque année, l'Assistance publique dépense plus de 70 millions pour soigner les malades par abus de boisson; ce qui en suppose environ 120.000.

L'administration des hospices fait les plus louables efforts pour essayer d'arrêter les progrès de ce terrible fléau. Elle a fait afficher, dans ses principales salles, des tableaux anatomiques qui permettent de constater les affreux ravages que l'alcool produit dans nos organes.

Sur ces tableaux, on a écrit en gros caractères :

« *L'alcoolisme, voilà l'ennemi !* »

Oui, c'est vraiment l'ennemi : l'ennemi de l'individu, dont il altère la santé, affaiblit l'intelligence, oblitère le sens moral ; l'ennemi de la famille, qu'il ruine et désole ; l'ennemi de la patrie, qu'il appauvrit et qu'il dépeuple.

L'alcoolisme ruine et dépeuple la France. — Des calculs exacts prouvent que, chaque année, les dépenses causées par l'alcoolisme, en France, s'élèvent à près de **deux milliards** : somme qui permettrait de donner à chaque département, pour assister ses pauvres, trois piles de pièces de cinq francs de la hauteur du mont Blanc (4.810 m.).

Sur 1.000 cabaretiers, 19 meurent avant quarante ans ; sur le même nombre d'agriculteurs, sept seulement n'atteignent pas cet âge. En Nouvelle-Hollande, la vie moyenne, par suite de l'abus de l'alcool, est à peine de vingt-quatre ans.

Sur trente centenaires, il y a quinze buveurs d'eau, treize qui font une très faible consommation de boissons fermentées, et deux seulement qui usent ou qui ont usé immodérément du vin.

Tous les docteurs, tous les hygiénistes recommandent la sobriété comme étant la mère de la santé physique et intellectuelle. Elle fait les corps sains et les esprits vigoureux.

On a trouvé que la moyenne des âges de 150 anachorètes était de soixante-dix-sept ans trois mois, et de celle de 150 académiciens, de soixante-dix ans deux mois.

C'est à la sobriété que les Perses, les Lacédémoniens, les Romains ont dû leur activité, leur vigueur et leurs victoires. En les affaiblissant, l'intempérance a causé leur ruine. « *A l'époque de la décadence*, dit Horace, *les vertus romaines étaient souvent de Falerne enluminées.* »

Presque tous les grands hommes : tels que Socrate, Cyrus, Pythagore, César, Charlemagne, Napoléon, ont été particulièrement sobres. Massinissa, le plus sobre de tous, a vaincu les Carthaginois à quatre-vingt-douze ans.

Qui dit sobriété dit, toutes choses égales d'ailleurs, *vertu*, *intelligence*, *santé* et *longévité*.

Aphorismes d'hygiène.

Le travail *physique* et *intellectuel* est facilité par l'usage de l'eau et entravé par celui de l'alcool.

Les buveurs d'eau sont assurés d'une meilleure santé et d'une plus grande longévité.

Les spiritueux doivent être écartés de toute

alimentation rationnelle. Non seulement ils ne sont pas utiles, mais ils sont **nuisibles**.

On doit donc :

1° S'abstenir rigoureusement de liqueurs et surtout d'apéritifs ;

2° Ne jamais prendre de vin, ni une boisson fermentée quelconque, en dehors des repas ;

3° Rejeter tous les vins trop alcooliques ;

4° Si l'on prend du vin aux repas, y ajouter au moins le tiers d'eau.

L'absence *complète* de vin et de toute boisson fermentée est le seul remède *vraiment efficace* pour que les *alcooliques* et ceux qui, par *hérédité*, profession ou tempérament, sont exposés à le devenir, puissent s'affranchir de cette triste passion.

MODÈLES DE LETTRES

PÉTITIONS

I

Pour demander une pension.

A Monsieur le Ministre des Finances.

MONSIEUR LE MINISTRE,

J'ai eu l'honneur de prendre part à l'expédition de Chine, en qualité de sergent-major au 3e zouaves.

Ayant eu un bras amputé, après le combat des Légations, j'ai dû, bien à regret, quitter l'armée.

Rentré depuis quelques mois dans ma famille, il m'est impossible de subvenir à mes besoins et à ceux de mon pauvre père, âgé et infirme.

C'est pourquoi, Monsieur le Ministre, j'ose solliciter une pension à laquelle me donnent droit mes services et mes blessures.

Je suis avec le plus profond respect,

Monsieur le Ministre,

Votre très humble serviteur.

J. N.

Rue de la République, 11
LYON.

II

Pour demander la réduction d'un impôt.

A Monsieur le Préfet du département du Rhône.

MONSIEUR LE PRÉFET,

J'ai l'honneur de vous exposer que j'ai été taxé en 1901, au rôle de la commune de Lyon, pour huit ouvertures et que ma maison, rue de l'Enfance, 15 (Croix-Rousse), n'en a que six, deux fenêtres ayant été supprimées avant le 1er janvier dernier.

Veuillez, je vous prie, Monsieur le Préfet, faire ordonner la réduction de la taxe afférente à deux ouvertures.

Je suis avec respect,

Monsieur le Préfet,

Votre très humble et très obéissant serviteur.

N...

Rue de l'Enfance, 15
(Croix-Rousse) LYON.

III

Pour demander une place.

A Monsieur X..., Chef de l'Exploitation des Chemins de Fer de...

MONSIEUR L'ADMINISTRATEUR (1),

J'ai l'honneur de vous prier de vouloir bien m'accorder une place dans les bureaux de la Compagnie de...

Je viens de terminer mes études et j'ai obtenu le baccalauréat de l'enseignement moderne (lettres-mathématiques).

Le désir que j'ai de me créer une situation et de vous satisfaire me donne la confiance que je pourrai remplir convenablement le poste que je sollicite.

Dans l'espérance que vous daignerez accueillir favorablement ma demande,

Je suis avec le plus profond respect,

Monsieur l'Administrateur,

Votre très humble et très obéissant serviteur.

N. X.

Rue Victor-Hugo, 22
LYON.

(1) Ecrire très lisiblement et laisser une grande marge pour les recommandations.

LETTRES FAMILIÈRES

I

Racine à son fils malade de la petite vérole.

Vous avez pu voir, mon cher enfant, par les lettres que j'écris à votre mère, combien je suis touché de votre maladie, et la peine extrême que je ressens de n'être pas auprès de vous pour vous consoler. Je vois que vous prenez avec beaucoup de patience le mal que Dieu vous envoie, et que vous êtes exact à faire tout ce qu'on vous dit : il est extrêmement important pour vous de ne point vous impatienter. J'espère qu'avec la grâce de Dieu il ne vous arrivera aucun accident. C'est une maladie dont peu de personnes sont exemptes ; et il vaut mieux en être attaqué à votre âge qu'à un âge plus avancé. J'aurais une sensible joie de recevoir de vos lettres: ne m'écrivéz que quand vous serez entièrement hors de danger, parce que vous ne pourriez écrire sans mettre vos bras à l'air et vous refroidir. Quand je ne serai plus en inquiétude sur votre mal, je vous écrirai des nouvelles du siège de Namur. Il y a lieu d'espérer que la place se rendra bientôt ; et je m'en réjouis d'autant plus que cela pourra me mettre en état de vous revoir bientôt après. M. de Cavoye prend grand intérêt à votre mal, et voudrait bien vous soulager. Je suis fort obligé à M. Chapelier de tout le soin qu'il prend de vous. Adieu, mon cher fils. Offrez bien au bon Dieu tout le mal que vous souffrez, et remettez-vous entièrement à sa sainte volonté. Assurez-vous qu'on ne peut vous aimer plus que je ne vous aime, et que j'ai une fort grande impatience de vous embrasser.

II

Racine félicite son fils sur sa guérison.

Vous pouvez juger, par toutes les inquiétudes que m'a causées votre maladie, combien j'ai de joie de votre guérison. Vous avez beaucoup de grâces à rendre à Dieu de ce qu'il a permis qu'il ne vous soit arrivé aucun fâcheux accident et que la fluxion qui vous était tombée sur les yeux n'ait point eu de suite. Je loue extrêmement la reconnaissance que vous témoignez pour tous les soins que votre mère a pris de vous. J'espère que vous ne les oublierez jamais, et que vous vous acquitterez de toutes les obligations que vous lui avez, par beaucoup de soumission à tout ce qu'elle désirera de vous. Votre lettre m'a fait beaucoup de plaisir : elle est fort sagement écrite ; et c'était la meilleure et la plus agréable marque que vous me puissiez donner de votre guérison. Mais ne vous pressez pas encore de retourner à l'étude : je vous conseille de ne lire que des choses qui vous fassent plaisir, sans vous donner trop de peine, jusqu'à ce que le médecin qui vous a traité vous donne permission de recommencer votre travail. Faites bien des amitiés pour moi à monsieur votre précepteur, et faites en sorte qu'il ne se repente point de toutes les peines qu'il a prises pour vous. J'espère que j'aurai bientôt le plaisir de vous revoir, et que la reddition du château de Namur suivra de près celle de la ville. Adieu, mon cher fils, faites bien mes compliments à vos sœurs. Je ne sais pourtant si on leur permet de vous rendre visite : attendez donc à leur faire mes compliments quand vous serez en état de les voir.

III

Au retour d'une de ses terres, madame de Sévigné dit combien elle a été désolée en voyant que son fils le baron de Sévigné y avait fait couper LES PLUS VIEUX BOIS DU MONDE.

Je fus hier à Buron, j'en revins le soir; je pensai pleurer en voyant la dégradation de cette terre : il y avait les plus vieux bois du monde; mon fils, dans son dernier voyage, y a fait donner les derniers coups de cognée. Il a encore voulu vendre un petit bouquet qui faisait une assez grande beauté : tout cela est pitoyable; il en a rapporté quatre cents pistoles, dont il n'eut pas un sou un mois après. Il est impossible de comprendre ce qu'il fait, ni ce que son voyage de Bretagne lui a coûté, quoiqu'il eût renvoyé ses laquais et son cocher à Paris. Il trouve l'invention de dépenser sans paraître, de perdre sans jouer, et de payer sans s'acquitter; toujours une soif et un besoin d'argent, en paix comme en guerre : c'est un abîme de je ne sais pas quoi, car il n'a aucune fantaisie; mais sa main est un creuset où l'argent se fond. Ma fille, il faut que vous essuyiez tout ceci. Toutes ces dryades affligées que je vis hier, tous ces vieux sylvains qui ne savent plus où se retirer, tous ces anciens corbeaux établis depuis deux cents ans dans l'horreur de ces bois, ces chouettes qui, dans cette obscurité, annonçaient, par leurs funestes cris, les malheurs de tous les hommes, tout cela me fit hier des plaintes qui me touchèrent sensiblement le cœur; et que sait-on même si plusieurs de ces vieux chênes n'ont point parlé, comme celui où était Clorinde? Ce lieu était un lieu enchanté, s'il en fut jamais : j'en revins donc toute triste ; le souper que me donna le premier président (1) et sa femme ne fut point capable de me réjouir. Je suis ravie de m'en aller dans mes bois ; j'espère au moins en trouver aux Rochers, qui ne sont point abattus. Voilà toutes les inutilités que je puis vous mander aujourd'hui.

IV

Madame de Sévigné souhaite la bonne année à son cousin le comte de Bussy. Elle lui fait ses excuses d'avoir été longtemps sans lui écrire.

Bon jour et bon an, mon cher cousin. Je prends mon temps de vous demander pardon, en vous souhaitant mille bonnes choses cette année, suivie de plusieurs autres. Il me semble qu'en vous adoucissant ainsi l'esprit je vous disposerai à me pardonner d'avoir été si longtemps sans vous écrire. Je partis de Bretagne le 20 d'octobre, qui était bien plus tôt que je ne pensais, pour venir à Paris. Un mois après, j'eus le plaisir d'y recevoir ma fille. Je l'ai trouvée mieux que quand elle est partie ; et cet air de Provence qui devait la dévorer ne l'a point dévorée : elle est toujours aimable. J'ai toujours pensé à vous, et j'ai dit mille fois : Mon Dieu, je voudrais bien écrire à mon cousin de Bussy ; et jamais je n'ai pu le faire. Pour moi, je crois qu'il y a de petits démons qui empêchent de faire ce qu'on veut.....

(1) Le premier président du parlement de Bretagne, M. de la Bunelaie.

V

M. Vénard, missionnaire au Tong-King, quelques jours avant de souffrir le martyre, à sa sœur.

En cage, au Tong-King, 20 janvier 1861.

CHÈRE SŒUR,

J'ai écrit, il y a quelques jours, une lettre commune à toute la famille, dans laquelle je donne plusieurs détails sur ma prise et mon interrogatoire : cette lettre est déjà partie, et, j'espère, vous parviendra. Maintenant que mon dernier jour approche, je veux t'adresser à toi, chère sœur et amie, quelques lignes d'un adieu spécial ; car, tu le sais, nos deux cœurs se sont compris et aimés dès l'enfance. Tu n'as point eu de secrets pour ton Théophane, ni moi pour ma Mélanie. Quand, écolier, je quittais, chaque année, le foyer paternel pour le collège, c'est toi qui préparais mon trousseau, et adoucissais par tes tendres paroles la tristesse des adieux : toi qui partageais plus tard mes joies si suaves de séminariste ; toi qui as secondé, par tes ferventes prières, ma vocation de missionnaire. C'est avec toi, chère Mélanie, que j'ai passé cette nuit du 26 février 1851, qui était notre dernière entrevue sur la terre, dans des entretiens si sympathiques, si doux, si saints, comme ceux de saint Benoît avec sa sainte sœur. Et quand j'ai eu franchi les mers, pour venir arroser de mes sueurs et de mon sang le sol annamite, tes lettres, aimables messagères, m'ont suivi régulièrement pour me consoler, m'encourager, me fortifier. Il est donc juste que ton frère, à cette heure suprême qui précède son immolation, se souvienne de toi, chère sœur, et t'envoie un dernier souvenir.

Il est près de minuit : autour de ma cage de bois sont des lances et de longs sabres. Dans un coin de la salle, un groupe de soldats jouent aux cartes, un autre groupe joue aux dés. De temps en temps, les sentinelles frappent sur le tam-tam et le tambour, les veilles de la nuit. A deux mètres de moi, une lampe projette sa lumière vacillante sur ma feuille de papier chinois et me permet de te tracer ces lignes. J'attends de jour en jour ma sentence. Peut-être demain je vais être conduit à la mort. Heureuse mort, n'est-ce pas ? Mort désirée, qui conduit à la vie !... Selon toutes les probabilités, j'aurai la tête tranchée ; ignominie glorieuse, dont le ciel sera le prix. A cette nouvelle, chère sœur, tu pleureras, mais de bonheur. Vois donc ton frère, l'auréole des martyrs couronnant sa tête, la palme des triomphateurs se dressant dans sa main ! Encore un peu et mon âme quittera la terre, finira son exil, terminera son combat. Je monte au ciel, je touche la patrie, je remporte la victoire. Je vais entrer dans ce séjour des élus ; voir des beautés que l'œil de l'homme n'a jamais vues, entendre des harmonies que l'oreille n'a jamais entendues, jouir de joies que le cœur n'a jamais goûtées. Mais auparavant, il faut que le grain de froment soit moulu, que la grappe de raisin soit pressée. Serai-je un pain, un vin selon le goût du père de famille ? Je l'espère de la grâce du Sauveur, de la protection de sa Mère immaculée : et c'est pourquoi, bien qu'encore dans l'arène, j'ose entonner le chant du triomphe, comme si j'étais déjà couronné vainqueur.

Et toi, chère sœur, je te laisse dans le champ des vertus et des bonnes œuvres. Moissonne de nombreux mérites pour la même vie éternelle, qui nous attend tous les deux. Moissonne la foi, l'espérance, la charité, la patience, la douceur, la persévérance, une sainte mort !...

Adieu, Mélanie ! Adieu, sœur chérie. Adieu !!

Ton frère,

J.-T. VÉNARD,
Miss. Apost.

VI

Lettre d'un frère aîné à son frère pour le mettre en garde contre la trop grande facilité à contracter des amitiés.

MON BIEN CHER FRÈRE,

C'est une lettre de conseils que je vais t'écrire aujourd'hui. Je veux te recommander de ne pas contracter des amitiés avec tout le monde.

On a dit que l'ami de tout le monde n'est l'ami de personne. C'est déjà une raison. Mais il y en a d'autres.

Que de qualités, que de vertus doit avoir un ami ! L'amitié elle-même est une vertu. Ce sera, si tu veux, une des formes les plus délicieuses de la charité. Celui que l'on choisit pour ami est un autre soi-même, à qui on accorde toute sa confiance, sûr qu'il en est digne; pour qui on est toujours prêt à se dévouer, à s'oublier, à se sacrifier et qui est, à notre égard, dans les mêmes dispositions.

C'est dire qu'un ami n'est pas le premier venu et qu'on doit le choisir entre mille. Il ne faut pas confondre l'ami avec le camarade : la camaraderie n'est pas l'amitié ; elle n'en a pas les caractères. Tous tes condisciples sont tes camarades, mais tous ne sont pas tes amis dans le sens que nous entendons ici. Tu ne dois pas les juger tous dignes de ton amitié. Avant de te lier intimement avec eux, étudie-les bien afin de les bien connaître; sinon tu auras des mécomptes, des déceptions, des repentirs, des malheurs peut-être. Une mauvaise amitié contractée dans la jeunesse peut avoir une influence funeste pendant toute la vie.

Un moyen d'étudier tes camarades et de faire ton choix avec quelque sûreté, c'est d'examiner quel est habituellement leur motif d'action. Tu sais qu'il y en a quatre principaux : la passion, le plaisir, l'intérêt, le devoir. Les trois premiers sont égoïstes, et par conséquent, contraires à l'amitié vraie. La passion n'aime pas : elle est égoïste, elle poursuit son objet pour le dévorer, pour en faire sa proie; l'amitié n'est pas une passion, mais une vertu. Les sens n'aiment pas : l'amitié n'est pas une sensation, mais un sentiment, elle émeut l'âme, elle n'ébranle pas les nerfs ; elle est avant tout affaire de raison et de volonté ou de cœur ; elle est un devoir avant d'être un plaisir. Les joies de l'amitié sont une récompense attachée à la vertu. Elle n'est jamais un calcul d'intérêt, puisqu'elle est une vertu et que la vertu est essentiellement désintéressée.

L'amitié se fonde sur l'estime, et « rien n'est estimable que le bon sens et la vertu », nous dit Fénelon. Quelle estime méritent le passionné, l'épicurien, l'utilitaire ? Que veulent-ils ? Leur passion, leur plaisir, leur intérêt, c'est-à-dire leur égoïsme.

Mais en voilà assez pour cette fois. Si tu médites ces idées, tu verras qu'elles sont suggestives, qu'elles font penser, qu'elles fournissent des réponses à bien des questions que l'on doit se poser, et qu'on en peut tirer de bonnes règles de conduite.

F. Louis.

VII

Un Parisien écrit à son ami pour le détourner de venir à Paris pour s'y fixer.

Mon cher Ami, je crois que tu as tort de vouloir vendre ta maison, pour venir te fixer à Paris et y chercher un emploi. Si j'étais à ta place, je me garderais bien de le faire. Penses-tu trouver à Paris un emploi plus noble que celui d'agriculteur.

Tu as une maison ; tu as des champs à cultiver ; tu as plus de travail que tu n'en peux faire. Garde ta maison, cultive tes champs. Vis à l'aise et fais des économies en faisant valoir ta propriété. Tu as un chez toi, et tu veux aller chez les autres ! Tu es libre, et tu veux cesser de l'être ! Tu es indépendant, et tu veux t'assujettir ! Tu es ton maître, et tu veux te faire serviteur ! Tu n'as pas bien réfléchi, tu n'as pas vu ce qu'il y a de décevant dans ton projet. Garde-toi de le suivre. Il y a trop de monde à Paris; on s'y embarrasse ; on a peine à y vivre. Au contraire, il n'y en a pas assez à la campagne, et les bras manquent pour la culture des champs.

Je comprends qu'il faut trouver le moyen de se suffire, de vivre et d'assurer un peu l'avenir. Le moyen de te suffire, de vivre à l'aise, d'assurer l'avenir, tu l'as ; garde-le en restant où tu es et en ne venant pas courir des risques et des aventures, t'exposer à des déceptions et à des mécomptes dans la capitale.

Bien à toi. F. Louis.

VIII

Lettre de bonne année à un ami avec lequel on est peu familier.

MONSIEUR,

Je suis assez malheureux pour ne pouvoir vous marquer toute ma sensibilité autrement que par des vœux stériles ; mais les cœurs faits comme le vôtre sont plus aisés à contenter que le vulgaire, et l'amitié dont ils font le plus de cas n'est pas toujours la plus utile. C'est sur ce principe que j'ose me flatter, Monsieur, que les vœux sincères que je fais pour vous, au commencement de l'année où nous entrons, seront aussi bien reçus que si l'accomplissement dépendait de ma volonté. Rien ne m'est plus cher que l'amitié dont vous m'honorez, et celle que je sens pour vous m'en fait de jour en jour sentir le prix.

IX

Lettre de bonne année à une personne qui vous a rendu un service important.

MONSIEUR,

Je sais que les lettres du jour de l'an sont souvent ennuyeuses ; mais, dussé-je être ennuyeux moi-même, je ne suivrai jamais à regret un usage auquel je dois l'honneur de vous assurer une fois de plus de ma reconnaissance. Vous savez ce que je vous dois, Monsieur, mais vous ignorez avec quel plaisir je me le rappelle ; pardonnez-moi donc de profiter de toutes les occasions qui se présentent pour vous offrir mes vœux et l'expression des sentiments respectueux avec lesquels j'ai l'honneur d'être,

Monsieur,

Votre très humble et très reconnaissant serviteur.

JANK.

Lyon, 31 décembre 1901.

X

Fénelon à la marquise de Laval

22 mai 1681.

Oui, Madame, n'en doutez pas, je suis un homme destiné à des entrées magnifiques. Vous savez celle qu'on m'a faite à Bellac dans votre gouvernement; je vais vous raconter celle dont on m'a honoré en ce lieu. M. de Rouffillac pour la noblesse ; M. Bose pour le clergé ; M. Rigaudie, prieur des moines, pour le corps monastique ; et les fermiers de céans pour le tiers-état, viennent jusqu'à Sarlat me rendre leurs hommages. Je marche accompagné majestueusement de tous ces députés ; j'arrive au port de Carenac, et j'aperçois le quai bordé de tout le peuple en foule ; deux bateaux, pleins de l'élite des bourgeois, s'avancent, et en même temps je découvre que, par un stratagème galant, les troupes de ce lieu les plus aguerries s'étaient cachées dans un coin de la belle île que vous connaissez ; de là elles vinrent en bon ordre me saluer avec beaucoup de mousquetades.

L'air est déjà tout obscurci par la fumée de tant de coups, et l'on n'entend plus que le bruit affreux du salpêtre. Le fougueux coursier que je monte, animé d'une noble ardeur, veut se jeter dans l'eau ; mais moi, plus modéré, je mets pied à tere. Au bruit de la mousqueterie est ajouté celui des tambours. Je passe la belle rivière de la Dordogne toute couverte de bateaux qui accompagnent le mien. Au bord m'attendent gravement tous les vénérables moines en corps ; leur harangue est pleine d'éloges sublimes, ma réponse a quelque chose de grand et de doux. Cette foule immense se fend pour m'ouvrir un chemin ; chacun a les yeux attentifs pour lire dans les miens quelle sera sa destinée. Je marche ainsi jusques au château, d'une marche lente et mesurée, afin de me prêter pour un peu plus de temps à la curiosité publique. Cependant mille voix confuses font retentir des acclamations d'allégresse et l'on entend partout ces paroles : « Il sera les délices du peuple. » Me voilà à la porte déjà arrivé, et les consuls commencent leur harangue par la bouche de l'orateur royal. A ce nom, vous ne manquez pas de vous représenter ce que l'éloquence a de plus vif et de plus pompeux. Qui pourrait dire quelles furent les grâces de son discours ? Il me compara au soleil ; bientôt après je fus la lune ; tous les autres astres les plus radieux eurent ensuite l'honneur de me ressembler ; de là nous vînmes aux éléments et aux météores et nous finîmes heureusement par le commencement du monde. Alors le soleil était déjà couché, et, pour achever la comparaison de lui à moi, j'allai dans ma chambre pour me préparer à en faire autant.

LETTRES DE CONDOLÉANCES

I

Lettre d'un fils à son père à l'occasion de la mort de son frère (1).

MON PÈRE,

Je viens de recevoir votre lettre ; elle me jette dans un profond abattement. Qui m'eût dit, à mon départ, que je voyais et embrassais mon frère pour la dernière fois ? Quoiqu'il fût déjà bien souffrant, j'étais loin de m'attendre à un tel malheur. Pauvre Arnaud ! Il était si bon ! Je l'aimais tant ! Nos cœurs étaient si bien faits pour s'entendre et se chérir mutuellement ! Oh ! sa mort me brise de douleur, et cette blessure ne se fermera jamais. Mon père, je comprends toute votre affliction. Vous nous chérissiez tous deux avec la même tendresse ; mais mon frère était si caressant ! Il avait une âme si belle, un caractère si accompli ! Oui, je l'avoue sincèrement, il l'emportait de beaucoup sur moi par ses qualités ; oui, il méritait tout notre amour. Consolez-vous, mon père. Si le Ciel a voulu vous éprouver en vous enlevant ce que nous avions de plus cher, c'était sans doute pour nous faire élever nos pensées vers l'éternelle demeure, où nous retrouverons celui dont nous sommes privés un instant. Mon père, il ne vous reste plus qu'un fils ; mais plus que jamais il veut se dévouer à votre bonheur. Il sera heureux lui-même, s'il parvient, par ses attentions et son amour, sinon à nous faire oublier notre Arnaud, du moins à adoucir le douloureux souvenir de sa perte.

(1) Lettre tirée de l'ouvrage de M. Martino.

II

Le Père Lacordaire à une mère sur la mort de son fils.

Sorèze, 28 décembre 1858.

MADAME,

M. Henrich me fait part du malheur qui vient de l'atteindre avec vous. Il avait mis dans Monsieur votre fils une affection toute chrétienne et des espérances précieuses pour sa foi. La mort a tout détruit. Elle vous a enlevé un fils à la fleur de l'âge, lorsque toutes ses qualités, sa religion et son talent vous présageaient qu'il serait votre honneur, votre consolation, votre vie. C'est un coup bien profond, Madame, et si vous ne connaissiez Dieu comme vous le connaissez, il serait bien à craindre que vous ne puissiez pas le supporter avec résignation. Mais notre Dieu ayant lui-même souffert la mort de son Fils, nous trouvons, dans cet exemple, de quoi rassurer le cœur d'une mère, et lui faire comprendre que de si cruelles douleurs ne sont pas au-dessus des vues de la foi.

Quand on perd un fils dont l'avenir est incertain, on peut croire que Dieu a voulu le sauver, et que la mort a été pour lui le moyen et le gage de son éternité. Si, au contraire, il était pur et saint, on peut croire qu'il a été une victime pour le salut des autres, et que son sang pèsera dans la balance où Dieu juge le monde. Monsieur votre fils voulait servir l'Eglise ; il aspirait à écrire pour elle ; il a laissé des traces de ce mouvement de sa pensée pour la grande cause de la vérité chrétienne. Or, quel qu'eût été le succès de ses travaux, eût-il pu jamais faire mieux que de mourir jeune avant d'avoir rien fait ?

Son âme est l'ouvrage qu'il a porté devant Dieu. C'est celui qu'il laisse à vous, à ses amis, à ceux qui espéraient dans son talent et son dévouement. On ne fera jamais mieux, Madame, que de mourir pour Dieu. C'est le sacrifice, c'est le martyre qui a fondé la religion chrétienne et qui la soutient. Votre douleur de mère entre dans celui qu'a souffert votre enfant. Il a présenté à Jésus-Christ vos larmes; et, mêlées à son sang, elles ont été pour le ciel une joie, pour la terre une bénédiction.

Entrez donc, Madame, dans une pensée pieuse et douce. Montez au Calvaire avec la mère de Dieu, afin d'attendre avec elle le jour de la résurrection. Je vous prie de me pardonner ces lignes que vous avez souhaitées. Quoique aucun chrétien ne soit étranger à un autre chrétien, je n'eusse pas osé les écrire, si l'amitié n'eût poussé ma main. Veuillez les agréer, à cause du mouvement qui me les dicte, et recevoir aussi l'hommage des sentiments respectueux avec lesquels je suis, Madame, votre très humble et très obéissant serviteur.

III

Le Père de Ravignan à Madame la Maréchale de Saint-Arnaud.

MADAME LA MARÉCHALE,

Les regrets et les larmes de l'armée, de la France, se confondent avec les vôtres. Me permettrez-vous d'y joindre le respectueux hommage de ma douleur et de ma sympathie? D'autres parleront du caractère ferme et généreux, du courage et du génie militaire, de l'étonnante énergie du maréchal. J'aime mieux, Madame, en ce moment, ne me rappeler que la partie la plus pure de sa gloire, et qui fut, après Dieu, votre ouvrage : il était chrétien. Dans votre immense amertume, et sous le poids de cette irréparable perte, vous pouvez et vous devez au moins vous dire que vos prières, vos exemples, avaient amené cette grande âme à la plus franche profession de la religion et à l'accomplissement de tous les devoirs qu'elle impose. Vous savez avec quelle fidélité chevaleresque il vint recevoir le pain des forts avant son départ de Paris; il m'écrivait de Marseille, à la veille de s'embarquer, qu'il s'appuyait avec confiance sur le secours de Dieu, sans lequel on ne peut rien. La maladie le pressait de ses angoisses, elle l'accompagnait dans son admirable entreprise. Dieu voulait un double triomphe : la victoire de nos armes et la mort d'un héros chrétien, enseveli, pour ainsi dire, dans sa gloire. Reposez-vous, Madame, dans cette pensée : cette âme ne vous a quittée que pour un temps. Vous l'aviez donnée à Dieu ; il l'accepte et la reprend, préparée et sanctifiée par vos pieuses influences. Vous la retrouverez un jour ; il n'a fait que vous devancer dans la voie que vous lui aviez ouverte. Ses sentiments de foi et d'espérance chrétienne sont les vôtres ; ils vous soutiendront, ils vous conduiront jusqu'au terme.

Mais, je le sens bien, votre douleur vous accable ; il semble que rien ne puisse l'adoucir ; pardonnez-moi d'avoir osé vous en parler. Vous daignerez comprendre le besoin de mon cœur : je pleure la mort d'un ami ; il m'a fallu vous le dire, en vous rappelant ce que vous savez assez, que Dieu était le refuge et l'appui des âmes affligées.

Mes prières et mes regrets suivent les restes glorieux du maréchal. Dès que je saurai votre retour, je m'empresserai d'aller vous porter mes profonds et douloureux hommages.

Daignez les agréer,

Madame la Maréchale,

Avec l'expression du dévouement le plus respectueux et le plus inaltérable.

P. DE RAVIGNAN.

IV

Lettre de J.-B. Rousseau à un peintre célèbre, sur la mort du comte de Luc.

Hélas ! mon cher ami, je ne m'attendais pas à pleurer autre chose que mes infirmités. Quel sujet de larmes, et quelle perte viens-je de faire ? Qui pourra remplacer un ami du mérite, de la vertu, de la bonté et de la solidité de M. le comte *de Luc ?* Consolez-moi, mon cher ami, si je puis être consolable. Entre toutes les marques de bonté qui me le feront regretter toute ma vie, celle de m'avoir procuré un ami comme vous est une des plus touchantes. C'est dans votre amitié que je puis retrouver, s'il est possible, de quoi réparer une partie des pertes de mon cœur. Où pourrai-je trouver un nouveau protecteur aussi solide, aussi vertueux que cet adorable seigneur ?

Adieu ! je crains d'effacer ce que je vous écris par les larmes qui s'échappent de mes yeux. Je vous embrasse, mon cher ami, et je salue toute votre aimable famille.

V

Lettre de condoléances sur un malheur quelconque.

Monsieur,

Je désirais depuis longtemps recevoir de vos nouvelles ; hélas ! je ne songeais guère à la douleur que devait me causer la première que je recevrais de vous ! J'ai senti le coup qui vous a frappé, comme vous le sentez vous-même. Il est bien naturel de compatir au chagrin de son ami ; mais le vôtre me touche au delà de ce que vous pouvez vous imaginer. Je vous plains, Monsieur ; vous me plaindriez peut-être à votre tour si vous pouviez concevoir toute la part que je prends à votre affliction. Ne vous en étonnez pas, j'ai éprouvé moi-même beaucoup de revers, et, à force d'être malheureux, je suis devenu moins sensible à mes propres malheurs qu'à ceux d'autrui.

LETTRES DE FÉLICITATIONS

I

Racine et Boileau au maréchal de Luxembourg après la bataille de Fleurus.

Au milieu des louanges et des compliments que vous recevez de tous côtés pour le grand service que vous venez de rendre à la France, trouvez bon, Monseigneur, qu'on vous remercie aussi du grand bien que vous faites à l'histoire, et du soin que vous prenez de l'enrichir.

Personne jusqu'ici n'y a travaillé avec plus de succès que vous ; la bataille que vous venez de gagner sera, sans doute, un de ses plus magnifiques ornements : jamais il n'y en eut de plus propre à être racontée, et tout s'y rencontre à la fois : la grandeur de la querelle, l'animosité des deux parties, l'audace et la multitude des combattants, une résistance de plus de six heures, enfin une déroute entière des ennemis. Jugez quel bonheur c'est pour des historiens d'avoir de telles choses à écrire et surtout quand ils peuvent espérer d'en avoir de votre bouche même le détail : c'est de quoi nous osons nous flatter. Mais laissons là l'histoire à part ; sérieusement, Monseigneur, il n'y a point de gens qui soient si véritablement touchés que nous de l'heureuse victoire que vous avez remportée. Car, sans compter l'intérêt général que nous y prenons avec tout le royaume, figurez-vous quelle est notre joie à entendre publier partout que nos affaires sont rétablies, toutes les mesures des ennemis rompues, la France, pour ainsi dire, sauvée, et de songer que le héros qui a fait tous ces prodiges, est ce même homme d'un commerce si agréable, qui nous honore de son amitié...

II

A une personne qui vient d'être nommée à un emploi.

MONSIEUR,

En apprenant votre nomination à ..., je n'ai été surpris que d'une chose, c'est que vous n'ayez pas obtenu ce poste plus tôt. C'est une juste récompense de vos services aussi intelligents que dévoués, et l'administration n'a jamais fait un choix plus digne d'être universellement approuvé.

Recevez donc, Monsieur, mes cordiales félicitations, auxquelles se joignent certainement celles de toutes les personnes qui ont pu vous apprécier, et croyez à mes meilleurs sentiments.

Votre dévoué serviteur,

N***

Lyon, le 5 janvier 1902.

III

A un jeune homme qui vient d'être admis à Saint-Cyr.

MONSIEUR,

J'ai appris avec beaucoup de plaisir votre admission à l'école de Saint-Cyr. Les bonnes études que vous avez faites et votre sérieuse préparation ne me laissaient aucun doute sur cet heureux résultat.

Malgré ce que peuvent dire ceux qui, faute de travailler, ne sont arrivés à rien, ce sont les jeunes gens intelligents et laborieux qui réussissent aux examens et auxquels l'avenir est réservé.

Voilà pourquoi, Monsieur, je vous félicite bien sincèrement de ce succès, qui sera un puissant encouragement pour vous engager à marcher, comme par le passé, dans la voie du travail et du devoir.

Agréez, Monsieur, avec mes cordiales félicitations, l'expression de mes sentiments affectueux.

N***

Lyon, le 5 octobre 1901.

IV

Fénelon à Santeul sur son « Amende honorable » (1).

A Versailles, 18 avril 1690.

Quoique je sois fort des amis de votre Pomone, je suis ravi, Monsieur, que vous en ayez fait une *Amende honorable*, car ce dernier ouvrage est très beau. Vous y parlez du Verbe divin avec magnificence : le poète est théologien ; c'est le véritable *vates ;* c'est un homme qui parle comme inspiré sur les choses divines. D'ailleurs vous peignez parfaitement la poésie sublime de l'Ecriture. Faites donc des Pomones tant qu'il vous plaira, pourvu que vous

(1) *Amende honorable*, pièce de vers que Santeul adressa à Bossuet pour s'excuser d'avoir introduit dans une autre pièce de vers, intitulée *Pomone*, les divinités de la Fable.

en fassiez ensuite autant d'amendes honorables ; ce sera double profit pour nous : la faute et la réparation. Mais vous n'avez pas envoyé l'*Amende honorable* à M. Le Pelletier (1) ; il aime vos ouvrages, et votre muse mal payée a besoin de ses bons offices. Pour moi, je vous remercie de tout mon cœur de ce que vous me faites part de vos travaux, que j'estime d'un grand prix, et je suis sincèrement, Monsieur, votre, etc.

(1) Contrôleur général des finances.

LETTRES DE DEMANDES

I

Scarron au duc de Retz.

MONSEIGNEUR,

Vous vous savez peut-être bon gré d'être généreux, détrompez-vous-en ; c'est la plus incommode qualité que puisse avoir un grand seigneur... Nous autres, écrivains, nous n'avons qu'à être obligés une fois, nous importunons tous les jours de notre vie. Vous me donnâtes, l'autre jour, les œuvres de Voiture ; j'ai à vous demander une chose de bien plus grande importance. Je connais tel seigneur qui aurait changé de couleur à ces dernières paroles de ma lettre ; mais un duc de Retz les aura lues sans s'effrayer, et je jugerais bien qu'il est aussi impatient de savoir ce que je lui demande que je suis assuré de l'obtenir. Un gentilhomme de mes amis, qui, à l'âge de vingt ans, a fait vingt combats aussi beaux que celui des Horaces et des Curiaces, et qui est aussi sage que vaillant, a tué un fanfaron qui l'a forcé à se battre. Il ne peut obtenir sa grâce hors de Paris, et voudrait bien y être en sûreté, à cause qu'il a une répugnance naturelle à avoir le cou coupé. Je le logerais bien chez un grand prince ; mais il ferait mauvaise chère, et je tiens que mourir de faim est un malheur plus à craindre que d'avoir le cou coupé. Si votre hôtel lui sert d'asile, il est à couvert de l'un et de l'autre, et vous seriez bien aise d'avoir protégé un gentilhomme de ce mérite-là. Au reste vous aurez le plus grand plaisir du monde à le voir moucher les chandelles à coups de pistolets, toutes les fois que vous voudrez en avoir le passe-temps ; et vous me remercierez, sans doute, comme vous êtes très généreux, de vous avoir donné un si beau moyen d'exercer votre générosité ; et moi je vous promets de ne vous en point laisser manquer, etc.

II

Pour demander à un ami de prendre part à une souscription en faveur de quatre orphelins.

MON CHER AMI,

Je viens, sans préambule, te proposer une bonne action. Voici de quoi il s'agit. Tu as connu la famille Durand. Elle était composée du père, de la mère et de quatre enfants. C'était une famille pauvre, mais très honnête. Le père, qui la faisait vivre par son travail, est mort, il y a huit jours, victime d'un accident. La mère n'a pu supporter le coup qui l'a frappée, et ce matin on l'a portée au cimetière à côté de son mari. J'ai assisté à la sépulture et j'ai vu et embrassé les quatre orphelins, dont l'aîné seul a l'air de comprendre un peu la perte irréparable qu'il vient de faire. Une charitable voisine les a recueillis et les soigne momentanément. Mais il faut au plus tôt assurer l'existence de ces pauvres petits. C'est pourquoi j'ai pris l'initiative d'une souscription, où tu voudras mettre ton nom à côté du mien.

Je m'empresse de t'avertir et de te serrer la main bien fort en guise de remerciement pour les chers petits et... pour moi aussi, qui pourrai, grâce à toi, donner double.

Tout à toi. F. LOUIS.

III

M. de Baville à Mme de Maintenon.

MADAME,

Vous avez eu la bonté de me permettre de recourir à vous dans les affaires les plus importantes qui pouvaient me regarder. Dans cette confiance, je vous prie de m'accorder votre protection. Je demande au roi de donner à mon fils une place de conseiller d'Etat, en remettant celle que je remplis. J'ai considéré qu'étant hors d'état de servir Sa Majesté dans ses conseils, à cause de ma surdité, j'étais devenu un serviteur inutile ; et, n'ayant qu'un fils, j'avoue que l'objet de mes vœux serait de lui voir cet établissement.

Daignez, Madame, me donner dans cette occasion des marques de vos anciennes bontés pour un vieillard sourd, goutteux, reconnaissant et revenu de toute ambition, mais non des sentiments paternels.

IV

A un Ami pour lui demander de l'argent à emprunter.

MON CHER AMI,

Tu m'as toujours témoigné tant d'affection que je n'hésite pas à recourir à ton obligeance dans la situation un peu gênée où je me trouve aujourd'hui.

J'ai une traite de 1.500 francs à payer dans quelques jours, et j'ai besoin que tu me prêtes cette somme que je te rendrai dans trois ou quatre mois.

Avec mes remerciements anticipés, je te prie de croire toujours à ma sincère amitié.

Saint-Etienne, le 12 juillet 1901. N...

Réponse.

Je suis réellement peiné de ne pouvoir te satisfaire ; si j'avais la somme que tu me demandes, je me ferais un plaisir de te l'envoyer immédiatement.

Mais cela m'est impossible, je suis moi-même obligé d'effectuer bientôt un paiement et je ne sais pas encore où je trouverai l'argent nécessaire.

Ton Ami,

Lyon, le 15 juillet 1901. X...

V

Pour demander des renseignements.

MONSIEUR,

J'ai recours à votre bienveillance pour vous demander des renseignements sur un jeune homme nommé Joseph N...

Je vous serais reconnaissant, si vous aviez la bonté de me faire savoir tout ce que vous pourrez apprendre sur son intelligence, sa conduite, sa famille et sa fortune, car je désire lui confier l'emploi de caissier dans ma maison.

Vous pouvez compter sur mon entière discrétion.

Avec mes remerciements anticipés, daignez agréer, Monsieur, l'expression de mon profond respect.

Lyon, rue de la République, 17. X...

LETTRES DE REMERCIEMENTS

I

A un ecclésiastique, après la 1re Communion (1).

MONSIEUR,

Je voudrais pouvoir vous exprimer tous les sentiments que vos bontés et votre bienveillance ont gravés dans mon âme. Vous m'avez fait goûter, Monsieur, le plus grand bonheur de la vie, celui d'être admis au banquet divin, à cette table sainte, où Dieu veut bien se donner à nous ! Vos conseils et vos leçons ont éclairé mon esprit, et vos prières l'ont sanctifié ; je vous en remercie mille fois. Soyez assez bon pour guider encore mes pas, afin que je marche avec fermeté dans le sentier de la vertu, que vous m'avez si bien appris à connaître. Alors, dans ma reconnaissance envers Dieu, je me rappellerai souvent l'heureux jour où je l'ai reçu pour la première fois, et c'est alors que je lui demanderai avec ferveur de vous conserver toujours à notre tendresse.

II

Racine à M. le prince de Condé.

MONSEIGNEUR,

C'est avec une extrême reconnaissance que j'ai reçu encore, au commencement de cette année, la

(1) Lettre tirée de l'ouvrage de M. Martino.

grâce que Votre Altesse Sérénissime m'accorde si libéralement tous les ans. Cette grâce m'est d'autant plus chère, que je la regarde comme une suite de la protection glorieuse dont vous m'avez honoré en tant de rencontres, et qui a toujours fait ma plus grande ambition. Aussi, en conservant précieusement les quittances du droit annuel dont vous avez bien voulu me gratifier, j'ai bien moins en vue d'assurer ma charge à mes enfants, que de leur procurer un des plus beaux titres que je leur puisse laisser, je veux dire des marques de la protection de Votre Altesse Sérénissime. Je n'ose en dire davantage, car j'ai éprouvé plus d'une fois que les remercîments vous fatiguent presque autant que les louanges.

III

A un protecteur.

MONSIEUR,

Vous avez bien voulu vous intéresser à moi et me faire obtenir, grâce à votre généreuse protection, la place de... Je m'efforcerai, Monsieur, de remplir mes fonctions de telle sorte, que vous n'ayez pas à vous repentir d'être intervenu en ma faveur, et je vous saurai, toute ma vie, un gré infini d'avoir bien voulu recommander un homme qui n'avait d'autre titre à votre bienveillance que l'intérêt même que vous daignez lui porter.

Je suis, avec le plus profond respect,

Monsieur,

Votre très humble et très obéissant serviteur.

Lyon, le 4 août 1901.

IV

Boileau à Racine.

Je ne saurais, mon cher Monsieur, vous exprimer ma surprise ; et quoique j'eusse les plus grandes espérances du monde, je ne laissais pas encore de me défier de la fortune de M. le Doyen. C'est vous qui avez tout fait, puisque c'est à vous que nous devons l'heureuse protection de Mme de Maintenon. Tout mon embarras est de savoir comment je m'acquitterai de tant d'obligations que je vous ai. Je vous écris ceci de chez M. Dongois, le greffier qui est sincèrement transporté de joie aussi bien que toute notre famille ; et, de l'humeur dont je vous connais, je suis sûr que vous seriez ravi vous-même de voir combien d'un seul coup vous avez fait d'heureux. Adieu, mon cher Monsieur, croyez qu'il n'y a personne qui vous aime plus sincèrement, ni par plus de raisons que moi.

V

*Mme de Simiane à M. ****

Je voudrais bien trouver, Monsieur, quelque façon de vous témoigner ma reconnaissance, qui convînt et qui fût assortie à toute celle que j'ai dans le cœur, pour le bien que vous venez de faire au pauvre petit Bernard .Vous en serez content ; c'est un bon sujet ; il répondra par son zèle à toutes vos bontés ; voilà qui nous acquittera un peu tous. Soyez bien persuadé, s'il vous plaît, que vous n'obligerez pas une ingrate, et que vos bienfaits me pénètrent à un point qui vous acquiert mon moi tout entier. Si, avec cela, Varanges est nommé écrivain de vaisseau, je ne sais plus où donner de la tête. Ma grand'mère (1) disait, en pareil cas, que, quand on était obligé à quelqu'un, à un certain point, il n'y avait que l'ingratitude qui pût tirer d'affaire. Je ne me sens point encore cette façon de penser à votre égard, etc.

(1) Mme de Sévigné.

LETTRE DE REPROCHES

P.-L. Courrier à M. le général Dedon.

MONSIEUR,

La supériorité du grade ne dispense pas des procédés, de ceux-là surtout qui tiennent à l'équité naturelle ; les vôtres à mon égard ne sont plus d'un chef, mais d'un ennemi. Je vous croyais prévenu contre moi, et vous ai donné des éclaircissements qui devaient vous satisfaire. Maintenant je vois votre haine, et j'en devine les motifs ; je vois le piège que vous m'avez tendu en me chargeant d'une commission où je ne pouvais presque éviter de me compromettre. Vous commencez par me punir ; vous m'ôtez la liberté, pour que rien ne vous empêche de me dénoncer au roi, et de prévenir contre moi le public. Ensuite vous me citez à votre propre tribunal, où vous voulez être à la fois et mon accusateur et mon juge, et me condamner sans m'entendre, sans me nommer mes dénonciateurs, ni produire aucune preuve de ce qu'on avance contre moi. Vous savez trop combien il me serait facile de confondre les impostures de ces vils espions. Vous pourrez réussir à me perdre, mais peut-être trouverai-je qui m'écoutera malgré vous. Quoi qu'il arrive, n'espérez pas trouver en moi une victime muette. Je saurai rendre la lâcheté de votre conduite aussi publique dans cette affaire qu'elle l'a été déjà ailleurs.

LETTRES DE RECOMMANDATION

I

Mme de Simiane (1) à M. d'Héricourt.

Vous avez un bon cœur, Monsieur : vous avez des entrailles ; vous savez ce que c'est qu'un vieux et ancien domestique d'un père et d'une mère tendrement aimés. Voilà un pauvre vieillard affligé que je vous présente, Monsieur ; il n'était pas domestique, mais excellent sculpteur qui a travaillé toute sa vie aux châteaux de Grignan et de la Garde. C'est un ouvrier qui a été admirable et de pair avec les plus fameux. Il travaille encore, à quatre-vingts ans qu'il possède ; au surplus, bon et honnête homme. Ce misérable père a un fils qui le soulagerait dans la vieillesse ; il s'est avisé de donner un soufflet à son sergent : le voilà aux galères pour la vie. Il est venu à moi tout en larmes, je lui ai dit toute l'impossibilité de revoir ce fils. Il le sait ; il m'a montré cette lettre que je vous envoie de l'abbé de Suze, aumônier du roi. Je vous conjure, Monsieur, de vouloir accueillir charitablement et cordialement ce pauvre homme, cela le consolera. Dites-lui que vous lui accorderez votre protection ; et puis, dans la suite, nous verrons s'il y aurait quelque moyen de le servir réellement. Il sera content de cela et vous me ferez un sensible plaisir. Quand je vois un vieux bonhomme, que j'ai vu toute ma vie chez mon père, que je le vois fondre en larmes devant son portrait,

(1) Petite-fille de Mme de Sévigné.

je vous avoue que, s'il me demandait tout mon bien, je crois que je le lui donnerais, et je vous avertis que je vous fatiguerai beaucoup au sujet de ce fils algérien. Prenez courage, et armez-vous de patience.

II

Lettre de recommandation dans laquelle on demande de s'intéresser d'une manière générale à une personne.

MONSIEUR,

X..., un de mes bons amis, m'écrit pour me prier de vous le recommander ; il prétend que j'ai beaucoup de crédit sur vous ; je ne sais s'il ne se trompe pas.

Quoi qu'il en soit, je fais ce qu'il souhaite et je vous prie de vouloir bien vous intéresser à lui.

Il a de l'habileté et du talent, comme j'ai pu m'en convaincre durant les quelques années qu'il est resté avec moi.

Si vous pouviez, Monsieur, lui procurer un emploi qui puisse le faire vivre honorablement, et dont il s'acquittera bien, j'en suis sûr, je vous en serais particulièrement reconnaissant.

Avec mes remerciements, daignez agréer, Monsieur, l'assurance de mon affectueux dévouement.

N...

Lyon, le 15 janvier 1902.

III

Un père recommande son fils à un de ses amis.

Monsieur,

Connaissant toute votre bienveillance pour moi, je prends la liberté de vous recommander mon fils, qui se rend à Paris pour se perfectionner dans son état. Je serais heureux de pouvoir compter sur votre appui pour le guider dans une ville où les jeunes gens sans expérience sont exposés à tant de dangers, à tant de séductions. Je compte beaucoup sur vos sages conseils, et, au besoin, sur vos remontrances, pour le maintenir dans la voie du travail et de la bonne conduite. Veuillez m'excuser, Monsieur, si je vous charge d'une tâche qui vous causera peut-être quelque tracas, mais j'ai déjà pu apprécier bien des fois votre extrême obligeance; et, d'un autre côté, je sais que je pourrais difficilement trouver une personne aussi digne de ma confiance.

Je suis, etc.

IV

Pline à Bébius Hispanus.

Suétone, qui loge avec moi, a dessein d'acheter une petite terre, qu'un de vos amis veut vendre. Faites en sorte, je vous prie, qu'elle ne lui soit vendue que ce qu'elle vaut : c'est à ce prix qu'elle lui plaira. Un mauvais marché est toujours désagréable, surtout en ce qu'il semble nous reprocher continuellement notre sottise. Cette propriété, si d'ailleurs le prix lui paraît convenable, tente mon ami par plus d'un endroit. Elle est voisine de Rome ; les chemins sont commodes, et les bâtiments peu considérables; les terres, d'une médiocre étendue, et plus capables d'amuser que d'occuper. Aux savants, comme notre Suétone, il ne faut que le terrain nécessaire pour délasser leur esprit et réjouir leurs yeux : il ne leur faut qu'un sentier, une allée étroite pour se promener nonchalamment, une vigne dont ils connaissent tous les ceps, des arbres dont ils sachent le nombre. Je vous mande tous ces détails, pour vous apprendre combien il me devra, et combien je vous devrai, s'il achète, à des conditions dont il n'ait jamais à se repentir, cette petite maison, où se trouvent réunis tous les avantages que nous cherchons. Adieu.

V

Béranger à M. Martin (de Strasbourg).

6 avril 1848.

Vous avez eu grand tort, mon cher ami, de vouloir faire de moi un président de commission ou d'association quelconque. J'ai l'horreur des réunions bavardes et suis incapable d'en présider aucune. Puisque vous m'avez nommé, donnez, je vous prie, ma démission. J'ai assez d'avoir deux commissions sur le corps et tous les embarras et ennuis qui m'accablent. Je vais même vous mettre sur les épaules une des affaires dont je suis écrasé. Heureusement, mon cher ami, qu'elle n'est pas importante et que vous pourrez la traiter tout à votre aise et sans exposer votre larynx. Voici de quoi il s'agit.

J'ai un mien parent, notaire à Nanterre, fort honnête homme, qui ne fait d'affaires que celles du public ; il aspire à une place gratuite de suppléant de la justice de paix du canton de Courbevoie, canton qu'il habite depuis vingt ans, où il a su se faire aimer et estimer.

Un M. F..., notaire à Suresnes, excite, dit-on, les plaintes dans cet emploi par ses absences continuelles. Ceci reste à vérifier, car Gautier, le notaire de Nanterre, qui a une ambition démesurée, comme vous pouvez le voir, pourrait se faire illusion sur les torts de l'occupant.

Si donc vous pouvez faire nommer suppléant du juge de paix ledit Gautier, mon allié, vous me rendrez un grand service. Ce sera un ennui de moins pour moi que cet ambitieux tourmente depuis un mois pour arriver à cette haute fonction.

Mais surtout tirez-moi de la présidence où vous m'avez mis, et présentez mes hommages respectueux à Madame, ainsi que mes amitiés à vos bons voisins. J'irai, dans peu de jours, voir si la voix vous sera revenue pour le commencement de mai, époque où il ne faut pas qu'elle nous fasse défaut. Etc...

LETTRES D'AFFAIRES

I

Racine à Boileau au sujet du règlement de leur pension.

Madame de Maintenon m'a dit ce matin que le roi avait réglé notre pension à quatre mille francs pour moi, et à deux mille francs pour vous : cela s'entend sans y comprendre notre pension de gens de lettres. Je l'ai fort remerciée pour vous et pour moi. Je viens aussi tout à l'heure de remercier le roi. Il m'a paru qu'il avait quelque peine qu'il y eût de la diminution ; mais je lui ai dit que nous étions trop contents. J'ai plus appuyé encore sur vous que sur moi, et j'ai dit au roi que vous prendriez la liberté de lui écrire pour le remercier, n'osant pas lui donner la peine d'élever la voix (1) pour vous parler. J'ai dit en propres paroles : « Sire, il a plus d'esprit que jamais, plus de zèle pour Votre Majesté, et plus d'envie de travailler pour votre gloire qu'il n'en a jamais eu. » Vous voyez enfin que les choses ont été réglées comme vous l'avez souhaité vous-même. Je ne laisse pas d'avoir une vraie peine de ce qu'il me semble que je gagne à cela plus que vous : mais, outre les dépenses et les fatigues des voyages, dont je suis aise que vous soyez délivré, je vous connais si noble et si plein d'amitié, que je suis assuré que vous souhaiterez de bon cœur que je fusse encore mieux traité. Je serai très content si vous l'êtes en effet. J'espère vous revoir bientôt. Je demeure ici pour voir de quelle manière la chose doit tourner, car on ne m'a

(1) Boileau commençait à devenir un peu sourd.

point encore dit si c'est par un brevet ou si c'est à l'ordinaire sur la cassette. Je suis entièrement à vous. Il n'y a rien de nouveau ici. On ne parle que du voyage, et tout le monde n'est occupé que de ses équipages.

Je vous conseille d'écrire quatres ligne au roi, et autant à madame de Maintenon, qui, assurément, s'intéresse toujours avec beaucoup d'amitié à tout ce qui vous touche. Envoyez-moi vos lettres par la poste ou par votre jardinier, comme vous le jugerez à propos.

II

Boileau à Racine. (Réponse à la précédente.)

Êtes-vous fou avec vos compliments? Ne savez-vous pas bien que c'est moi qui ai, pour ainsi dire, prescrit la chose de la manière qu'elle s'est faite? Et pouvez-vous douter que je sois parfaitement content d'une affaire où l'on m'accorde tout ce que je demande? Tout va le mieux du monde, et j'en suis encore plus réjoui pour vous que pour moi-même. Je vous envoie deux lettres, que j'écris, suivant vos conseils, l'une au roi, l'autre à madame de Maintenon. Je les ai écrites sans faire de brouillon, et je n'ai point ici de conseil : ainsi je vous prie d'examiner si elles sont en état d'être données, afin que je les réforme si vous ne les trouvez pas bien. Je vous les envoie toutes décachetées ; et, supposé que vous trouviez à propos de les présenter, prenez la peine d'y mettre votre cachet. Je verrai aujourd'hui madame Racine pour la féliciter. Je vous donne le bonjour, et suis tout à vous. Je ne reçus votre lettre qu'hier, tout au soir, et je vous envoie mes trois lettres à huit heures par la poste. Voilà, ce me semble, une assez grande diligence pour le plus paresseux de tous les hommes.

III

Fénelon à la marquise de Laval.

A Versailles, 16 juillet 1692.

Je vous envoie, ma chère cousine, la vaisselle que vous avez eu la bonté de me prêter si longtemps. Je ne saurais vous renvoyer de même les autres choses que j'ai usées depuis trois ans. Comme vous en avez le mémoire, je vous conjure, avec la dernière instance, d'en régler le prix, et de vouloir bien le joindre au compte de ce que je vous devais. D'ailleurs, ne croyez point que ce soit un défaut de confiance; il n'y a personne à qui je voulusse devoir comme à vous. Je vous dois trop pour avoir là-dessus aucune mauvaise délicatesse; mais un compte final est absolument nécessaire pour voir clair dans ma petite économie, et pour prendre mes mesures justes. Ne vous mettez point en peine de faire ce compte exactement ni de me le montrer en détail. Pourvu que la somme soit fixée, il ne m'importe de combien elle sera. Jusqu'à ce qu'elle soit arrêtée précisément, je serai dans une vraie inquiétude, dont vous pouvez me soulager par un demi-quart d'heure d'attention à finir ce compte. Faites-moi donc cette grâce au plus tôt. Je vous la demande aussi fortement qu'on peut demander quelque chose, et vous me mettriez dans une peine très sensible, si vous me la refusez. Je commence à croire que vous ne voulez pas venir me voir, etc.

IV

Fondation d'une maison de commission.

Lyon, le 15 janvier 1902.

MONSIEUR,

J'ai l'honneur de porter à votre connaissance que je viens de fonder une maison de commission pour les *denrées coloniales.*

Employé pendant plus de quinze ans dans la maison X..., de Marseille, j'ai acquis, dans ce genre de commerce, une grande expérience que je mets à votre entière disposition.

De plus, j'ai attaché à ma maison le nombre d'employés nécessaires pour que les intérêts de mes commettants ne restent jamais en souffrance.

Dans l'espoir d'être prochainement favorisé de vos ordres,

J'ai l'honneur d'être,

Monsieur,

Votre tout dévoué serviteur,

N...

Monsieur N..., commissionnaire pour les *Denrées coloniales*, place de la Miséricorde, 4 (Lyon).

V

A un entrepreneur qui met trop de lenteur dans les travaux.

Saint-Etienne, le 5 octobre 1901.

Monsieur Chalumeau, à Saint-Etienne,

Vous ne vous êtes pas occupé des réparations à faire dans ma maison, rue d'Annonay, 18. Vous m'aviez cependant bien promis que tout serait terminé dans quinze jours. Il y a de cela trois semaines et rien n'est encore commencé.

Vous connaissez mieux que personne l'urgence de ce travail ; si vous êtes dans l'impossibilité de le faire, veuillez m'en avertir afin que je puisse le confier à un autre entrepreneur.

Tout à vous,

J. M...

LETTRES D'INVITATIONS

I

Joubert à M. Molé.

Villeneuve-sur-Yonne, 10 mars 1805.

Je vous attends, venez ; mais prenez vos aises et vos commodités. Je serais fâché de ne pas vous voir ici avant que d'en partir, et plus fâché encore si vous y veniez avec la moindre répugnance. Je sais par expérience *ce que c'est qu'une feuille de rose qui s'est pliée en deux*, dans tout ce qui tient au cœur et à l'imagination. Vous mènerez près de nous une vie toute bourgeoise ; c'est la vie du genre humain pris entre ses extrémités. Dites-vous bien que vous ne verrez personne de la matinée, excepté moi à midi ou à une heure, et faites provision de quelque occupation pour vous désennuyer, quand vous serez seul dans votre appartement. Je ne sais pas trop si vous me trouverez bonne compagnie. Je m'occupe de choses à dire, après m'être tant occupé de choses à penser. Il pourra se faire que, malgré moi, je n'aie pas à vous offrir une tête bien libre ; mais je ferai de mon mieux... Bonjour.

II

Joubert à Madame de Beaumont.

Villeneuve-sur-Yonne, 22 septembre 1817.

On vendangera mercredi prochain dans ce pays-ci ; mais nous ne commencerons nos propres vendanges que dans la semaine suivante. Cette opération cause assez de tumulte et de désordre dans les maisons ; mais on n'y dîne et on n'y soupe pas moins ; et si ce tracas pouvait vous amuser, je vous assure que vous ne gênerez ici personne. Je ne prends personnellement à tout cela que la part qui me fait plaisir ; mon régime ordinaire n'éprouve aucune interruption ; mes beaux-frères n'en perdent pas un coup de dent ; ma femme garde la maison ; nous vivons enfin à peu près comme de coutume. Les domestiques seuls sont un peu en l'air et un peu déroutés ; mais, à quelques petites attentions près, dont je suis sûr que vous sauriez fort bien vous passer, ils auraient du temps de reste pour vous rendre tous leurs devoirs.

Venez donc hardiment vendanger, si le bruit ne vous fait pas peur ; venez avant que l'on vendange, si vous aimez mieux le repos, etc.

III

Billet d'invitation.

Mon cher Ami,

Vos engagements vous permettent-ils de venir dîner chez moi, lundi prochain, à six heures ? Je serais bien aise de vous faire faire la connaissance d'un de mes parents, qui vient d'arriver.

Agréez mes salutations affectueuses.

X...

Lyon, le 3 juillet 1901.

IV

Refus.

Mon cher Ami,

Accablé de travail et obligé de me trouver, demain soir, à 6 heures, dans mon bureau, je serai dans une impossibilité absolue de me rendre à votre gracieuse invitation.

Excusez-moi et plaignez-moi, car je perds une soirée qui m'eût été bien agréable.

Bien cordialement à vous,

N...

Lyon, le 5 juillet 1901.

ERRATA

Page 14. — Au lieu de : « Les pieds doivent être l'un à côté de l'autre, comme pour marcher », lisez : « Les pieds doivent être l'un à côté de l'autre, *et non l'un devant l'autre*, comme pour marcher ».

Page 26. — Renvoi « Saint Jean-Baptiste de la Salle ».

Page 63. — Lisez : « Les parents viennent après les étrangers », et non : « Les parents viennent après, les étrangers et... ».

Page 64. — Au lieu de : « Quand les invités sont égaux.... », lisez : « Quand les invités sont égaux *en dignité*.... ».

Page 78. — Lisez : « Un inférieur ne tend jamais *le premier* la main.... », au lieu de : « Un inférieur ne tend jamais la main.... »

Page 231. — *Divin modèle.* La lettre de Lentulus (Publius) au Sénat est un document apocryphe, dont le manuscrit le plus ancien ne remonte pas au-delà du XIVe siècle ; toutefois, comme il peut reproduire l'écho d'une tradition ancienne, nous croyons devoir conserver le beau Portrait qu'il retrace de Notre-Seigneur.

TABLE DES MATIÈRES

Lyon. — Imprimerie Emmanuel VITTE, rue de la Quarantaine, 18.

www.ingramcontent.com/pod-product-compliance
Ingram Content Group UK Ltd.
Pitfield, Milton Keynes, MK11 3LW, UK
UKHW020603230726
13926UKWH00005B/2176

9 782016 150733